Aprende
FOTOGRAFIA
y su

lo que otros fotografos no quieren decir

NEGOCIO
Alberto Lama

A PRENDE FOTOGRAFÍA Y SU NEGOCIO

1

Acerca del autor

Cuando me mudé a Nueva York en 2002 llegué con $200 dólares en una bolsa del pantalón y en la otra, una bolsa llena de sueños, estaba hambriento por vivir y conquistar el mundo, pensaba que iba a tener todo el tiempo del mundo para cometer errores, remediarlos y tener una vida plena. La mayor parte de mi juventud la pase en la Ciudad de México, el D.F. (Distrito Federal). Pensé que iba a ser pan comido llegar a la Gran Manzana con la experiencia que yo tenía en una de la Ciudades más Grandes y dinámicas del Mundo, Ja! Que equivocado estaba! Me mude con un par de amigos en un Basement que a pesar de que se escucha muy elegante, no es nada más que un sótano en Spanish Harlem! Dentro del sótano de dos habitaciones super pequeñas. Vivíamos 5 personas. En una habitación los padres de mi "amigo" y en la otra habitación mis dos amigos y yo . Dentro de esa habitación había una sola cama y teníamos que dormir cruzados con los pies de fuera para poder caber en la cama. Era un poco incomodo pero, no importaba, estaba en Nueva York y todo era nuevo para mi! Fueron algunos de los años más duros pero más felices de mi vida! Todo era nuevo para mi, la comida, la marca de cervezas, tiendas, chicas, etc.. En México termine la carrera en Ciencias de la Comunicación y con mi Spanglish todo mocho pensé que haría una fortuna en cuestión de semanas. Las semanas se convirtieron en meses, los meses en años y los años en toda una eternidad . Sabía, que si no hacía algo con mi vida Pronto, regresaría a México con las mismas manos vacías con las cuales vine a Nueva York. Al darme cuenta de que ninguna empresa grande me contrataría, debido a mi falta de experiencia y mi falta de idioma , lo primero que hice fue alistarme en la escuela de Inglés . Lo primero que tenía que hacer es hablar; lo segundo era encontrar un trabajo.

La primera oportunidad vino cuando me ofrecieron trabajar como limpieza en un Deli (Tienda de abarrotes) en Union Square, Manhattan. Eso sí que era trabajar fuerte ! Con un sueldo mísero y jornadas de 12 o 14 horas al día, 6 días a la semana de trabajo no tenia fuerza ni para estudiar, solo daba tiempo para trabajar y tomar un par de Colt 45 (cerveza de 32oz) al llegar a mi habitacion compartida .

Mi trabajo consistía en limpiar el sótano , los baños y rellenar los refrigeradores de bebidas. El dueño era un Coreano (Mr. Park) que le encantaba el juego y las mujeres. Era un buen tipo pero era muy estricto. El tiempo fue pasando y fui aprendiendo más y más

Inglés , después de limpiar baños por un par de meses, me subieron de puesto a hacer Paninis (Sándwich) y servir sopas. Lo único que podía decir era:

- What can I get you?... Enjoy!

Eran las únicas palabras que podía pronunciar, poco a poco empecé a perder el miedo a hablar en Inglés . Recuerdo que una vez le prepare una sopa a Britney Spears! Woww artistas internacionales! En mi vida me imagine poder codearme con gente de Hollywood, así como también nunca me imagine que me dejaría de asombrar e importar al poco rato.

Después de cocinar sopas me cambiaron a Cajero . Un dia conoci a un francés loco llamado Giles y me ofreció otro trabajo como Garrotero en un Restaurant Bar (Los Dos Molinos), acepte y a los pocos meses era Mesero, después Bartender y un par de años más adelante Gerente de Restaurant.

A lo que quiero llegar con esta introducción es que, la razón principal por la cual yo escribo este m anual es para inspirar y ayudar a los Latinos que llegan a otro país a que no trabajen para empresas explotadoras que pagan mal, esclavizan y no ofrecen beneficios. Lo mejor, es que sean creativos y se encarguen de su propio destino siendo independientes. Yo llegue a un momento en el cual me sentí que ya no podía escalar más en el trabajo, a menos que fuera dueño del Restaurant, pero esa no era una opción para mi en ese entonces. Ya que no tenía el dinero suficiente y no podría poner un ne gocio legalmente a mi nombre.

Así, como muchos de ustedes queridos lectores, yo estaba harto y frustrado de mi trabajo. Estaba cansado de siempre tener alguien a quien darle cuentas y sabía, que lo único que estaba haciendo era poniendo dinero en los bolsillos de alguien mas pero no en los míos, a l menos no lo suficiente..

Ya que trabajar en un corporativo no era una opción para mi , m e di cuenta que la única opción era ser independiente y construir mi propio destino y no dejar que una compañía X decida el futuro de mi vida. Sabía que si me iba a ir bien o no, era en base a mis propias decisiones y de nadie más. A hí es cuando la necesidad se convirtió en pasión, era mi futuro el que estaba en riesgo! Me daba cuenta de cómo algunos Americanos y gente de otro países veían a los Latinos con lastima. Necesitaba hacer algo diferente y cambiar el estereotipo e ideas que el mundo tiene de los Latinos inmigrantes *"Trabajadores , pero sin aspiraciones e ideas creativas "* tenía que cambiar la mentalidad de la gente, necesitaba convertirme en alguien económicamente independiente!

3

Ser mi propio jefe, ayudar a otros, hacer lo que siempre me ha gustado y sobre todo hacer el dinero necesario para poder pagar mis cuentas y viajar. Necesitaba algo que me ayudara a crecer, y encontré ... LA FOTOGRAFÍA!

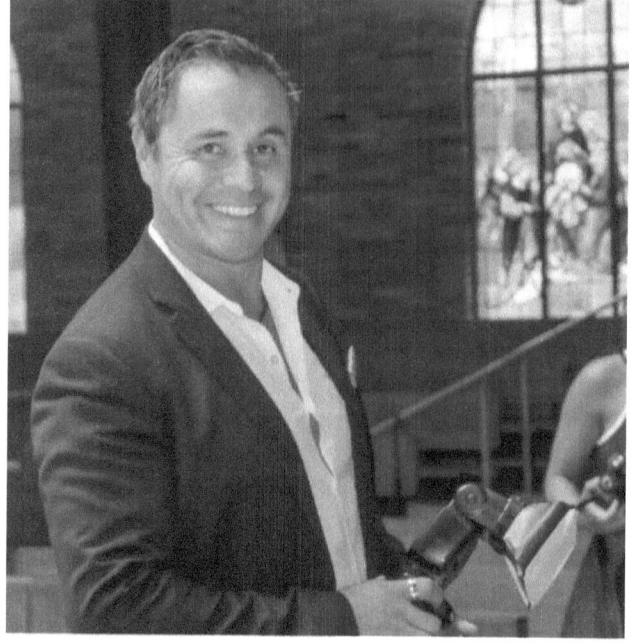

[OBJ]

.

Aprende fotografía y su negocio

[OBJ]

Biografia

Alberto Lama nació en la ciudad de México entre burbullos y deliciosos puestos de Tacos callejeros. Parrandero y Sateluco de corazón, estudió una Licenciatura Ciencias de la Comunicación y después de una larga carrera en m arketing decidió explorar suerte en los Estados Unidos, aventurero por naturaleza . Estudió Fotografía Profesional en el New York Institute of Photography (NYIP).

Alberto ahora es un Fotógrafo de Bodas en la ciudad de Nueva York y México. Miembro de National Press Photographer Association (NPPA), National Association of the Photoshop Professionals, Professional Photographers of America (PPA), Wedding.com,The Knot, Weddingwire y Bodas.com.mx. A trabajado de la mano de directores como Kevin Macdonald en documentales como "Life in a Day" gracias a National Geographic y YouTube. También trabaja como independiente para agencias como The Photo Acces y Getty Images. Maneja su estudio Alberto Lama Photography desde hace 7 años en la ciudad de Manhattan ofreciendo servicios de Fotografía para Bodas, Portaretratos y viajes . Alberto a tenido exhibiciones en SOHO, Times Square, Bares y el Museo del Barrio en Harlem. Al mismo tiempo siempre busca formas de acercarse a los Latinos y hacer voluntariados en eventos como Help Portrait, NY Innovative Theatre Awards , ha liderado 3 años consecutivos Photo Walks con Scott Kelby en NYC. "Soy un adicto al trabajo y cuando no estoy tomando Fotos en algún lugar del mundo me gusta explorar la ciudad de Nueva York en busca de el Taco perfect o. Por el momento estoy haciendo un viaje alrededor del mundo por un año sin parar, como Nómada Digital [OBJ]. Tomando fotos de viajes y cul turas, sigueme en Instagram @AlbertoLamaPhotographer y @TravelingLamas

Dedicatoria

Ya que este es mi primer libro y espero que no sea el último , quiero dedicar este libro a algunas personas muy importantes en mi vida;

+ Manuel Cervantes; "Por tu admirable inspiración y constante lucha contra enfermedades terribles. Eres el pilar de muchas vidas, Te fuiste muy pronto "

+ Kiko y Fofo "Por ustedes que han de estarse riendo de mis aventuras desde el c ielo tomando una cerveza, fumando un cigarrillo y escuchando Rock & roll"

+ Mi Padre; "Por cuidarme desde el cielo y estar jalando las orejas a Kiko y Fofo por reírse de mí "

Mi Mita y familia; "Por su amor incondicional"

La Barda; "Ustedes saben quienes son, bola de cabrones!"

A mi Esposa Lauren; "Por que me encanta quien soy cuando estoy contigo y me odio cuando estoy sin ti"

A ti inmigrante y futuro Fotógrafo (a)!

[OBJ]

Descargos de responsabilidad

Introduccion

A quién va dirigido este libro

Este libro va para cualquier persona que aprecia la belleza de la vida y los colores. Para aquellos que miran el mundo de una forma diferente, para aquellos que tienen una cámara en el closet y nunca usan, para aquellas Madres que quieren tener memoria de sus bebés, Para aquellos que siempre les a gustado la fotografía amateur y para los no tan amateur pero que no han sabido encontrar el camino de su negocio.

 para aquellos que quieren crecer y hacer algo más en la vida . Es para aquellos que como yo, se aventuran a emigrar a otros lugares y países lejanos. Solos , sin amigos o familia con el único sue ño de mandar un poco de dinero a su familia en su país de origen. Mi sueño es que puedan tener una herramienta para hacer dinero y ser independientes y no trabajar para nadie más . Para aquellos principiantes en la fotografía y para los no son tan principiantes pero que no han sabido encontrar el camino de su negocio.
Gracias

Por qué Fotografía ?

Cuántos de nosotros no tenemos una cámara semiprofesional o incluso profesional que usamos muy orgullosos solamente en Navidad o en el cumpleaños de algún familiar? P ero solo la usamos en en modo Automático! Te sientes frustrado de no entender tantos botones y mejor tomas fotos con tu celular? Eres una madre que le gustaría guardar esos momentos cuando tu bebé da sus primeros pasos pero tus fotos salieron oscuras o peor aún borrosas?

Mucha gente también siempre ha tenido la curiosidad y le llama la atención la fotografía pero por alguna razón u otra nunca le dedicamos el tiempo necesario para aprender y dominar nuestra cámara al 100%. C reemos que fuimos hechos para tener un trabajo aburrido de 9-6pm, un trabajo que paga mal y que odiamos. Nos enfocamos mucho a pagar cuentas y cumplir con un trabajo que no nos satisface, crecer y hacer lo mismo que toda la gente hace por que eso fue lo que nos inculcaron desde que eramos pequeños.

Que te parecería si te ofreciera la opción de hacer dinero, conociendo gente nueva, lugares nuevos, trabajar al aire libre y sobre todo, hacer dinero haciendo lo que te gusta? Ya se ... Esto suena como anuncio barato de de Televisión pero la verdad es que todos tenemos un lado artístico que no desarrollamos debido a nuestras ocupaciones diarias, la familia, el trabajo, el que dirá la gente, etc.. Son solo excusas tontas!

Mucha gente quisiera aprender Fotografía pero la realidad es que no hay mucho material a nuestro alcance en Español. Se pueden encontrar mucho libros en otros idiomas de Fotografía pero tan solo un puñado de libros decentes que hablan de fotografía en Español, además de que casi todos se enfocan en lo técnico de la Cámara y cómo tomar una Foto perfecta. Lo cual no es malo! Es importante saber tomar una buena foto y tener control de nuestro equipo f otográfico. A final de cuentas, pagamos una buena cantidad de dinero para tener esa cámara, verdad ? .. Algunos, sabemos cómo tomar una buena foto, pero la guardamos en la memoria de nuestra computadora y nos olvidamos de ella para siempre. Hay gente que sabe tomar muy buenas fotos, entienden de luz y de ISO pero no pasa de ser un pasatiempo ya que no sabemos cómo sacarle 100% provecho a esa foto y no entendemos el Negocio de la Fotografía. Nadie habla de lo que se necesita para establecer un negocio de fotografía y vivir de ella. Como crear un buen Portafolio, los distintos tipos de fotografía que podemos ejercer, conseguir clientes que paguen por nuestro trabajo, crear una página web , usar las Redes Sociales en nuestro favor, etc.

Muchos me van a odiar pero la verdad es que la mayoría de los fotógrafos no tienen una formación Fotográfica. El ser un Fotógrafo de verdad no solo es saber cómo tomar una foto bien expuesta. Ser Fotógrafo requiere el entender el negocio y la responsabilidad de satisfacer a un cliente. Y sobre todo hacer dinero con s u trabajo lo suficiente como para viajar, mantener una familia y pagar las cuentas. Eso es en lo que me quiero enfocar en este libro ! En este libro aprenderás, no solo como sacarle provecho a tu Cámara y tomar increíbles fotos, pero nos enfocaremos a como hacer fotos que se vendan por si solas , como montar tu propio negocio de fotografía y hacer dinero! Lo que aprenderán en este libro es una fórmula diseñada y comprobada por varios Fotógrafos a nivel mundial de como llevar su negocio de Fotografia.. Una vez mas, Es Una FORMULA COMPROBADA! Y lo mejor es que son pasos sencillos que todos puedan seguir, sin importar tu ocupación. Este libro también es para fotógrafos que ya llevan tiempo tomando buenas fotos pero no saben cómo manejar su negocio, atraer más clientes y vivir de sus fotos! Este es el Manual perdido que les abrirá los ojos a mucha gente y si siguen paso a paso la fórmula y consejos les prometo que no solo aprenderán a tomar buenas fotos pero aprenderán a hacer dinero con sus fotos en menos de tres meses! Pero tienen que seguir paso a paso y no cambiar la fórmula u olvidar este libro en su tableta o computadora ! No sean ese tipo de personas que esperan a que la suerte les toque a su puerta. La suerte no va de puerta en puerta rogando a que alguien le habrá! U stedes Tienen que crear su propio destino y empezar HOY mismo a desarrollar las herramientas necesarias para que tomen control de su destino. En este libro les daré esas herramientas para sean unos fotógrafos exitosos en donde sea que vivan. Tienen que empezar a leer ahora!

Pero algunos dirán: - *"Alberto, ahora hay mucha competencia, todos tienen una cámara en su teléfono y todos se creen Fotógrafos "* Tienes razón! Cualquiera puede tomar una foto en estos tiempos, pero NO CUALQUIERA PUEDE TOMAR UNA EXCELENTE FOTO! Una foto que deje a todos con la boca abierta y que puedan colgar orgullosos en la sala de su casa!

De hecho , e ste es el mejor momento para ser un fotógrafo ! y te lo vuelvo a repetir... listo? ESTE ES EL MEJOR MOMENTO PARA SER UN FOTÓGRAFO !

Por qué es el mejor momento para ser fotógrafo ? Porque ahora, a diferencia de los años 70's, 80's incluso 90's, existen las redes sociales. Ahora mas que nunca existen mas opciones de que la gente vea tu trabajo y tus fotos en redes sociales!! S i es que tienes Facebook (espero que si..) o Instagram, gente en China, Alemania, Australia, Alaska, etc. pueden ver tus fotos. Las posibilidades son infinitas! Vivimos en una sociedad en la las imágenes nos bombardean 24 horas al día. Eso sin mencionar que ya no tienes que gastar en Filme, líquidos y papel fotográfico. Todo es DIGITAL! La calidad de Cámaras fotográficas que las grandes compañías están utilizando ahora tienen una calidad increíble , y no muy costosas . N o es necesario que tengas el mejor equipo del mundo para poder crear fantásticas fotos. Cuántas veces no has escuchado *"No es la Cámara la que toma una gran foto, así como no es la máquina de escribir la que escribe una gran Novela"*

Es el que crea y no con que lo crea. E s aquel que tiene una visión única de ver el mundo que le rodea. Eres tu el que crea una gran foto, no la cámara . Toma el control de tu cámara hoy!

Este no es un libro de Fotografía

Al menos no el típico.. Si lo que buscas es un libro que hable de la m ejores técnicas de Luz, Photoshop, etc.. este no el libro para ti. De esos ya hay muchos. Yo no pretendo ser el mejor Fotógrafo del m undo , ni el que sabe las mejores técnicas en photoshop o Lightroom.. Pero lo que si se, es como convertir tu pasión en una herramienta para crear dinero ofreciendo el mejor servicio al cliente y que el cliente te recomiende con amigos y familia. Y así, llevar un negocio exitoso en fotografía o cualquier otra profesión mientras la hagas con pasión. Eso si te lo puedo garantizar. Lo digo por que yo ya lo hice y mis clientes lo dicen!

www.Albert o-Lama .com   @AlbertoLamaPhotographer

No importa si vives en Estados Unidos, en una ciudad en América del Sur o en un Pueblo con 300 personas en las montañas de España. En este libro te voy a enseñar como tomar muy buenas fotos y como venderlas a esas 300 personas de tu pueblo. Estas son técnicas demostradas. No solo por mi, sino por muchos Fotógrafos alrededor del mundo. Yo v oy a ser el Fotógrafo más odiado del mundo! (por otros fotógrafos profesionales..) ya que te enseñare las mejores técnicas para competir contra los otros "fotógrafos" que llevan años en el negocio.

En este libro no solo es para fotógrafos , este libro es para cualquier persona sin importar su p asión sea cual sea. No importa lo que hagas hay que hacerlo con paciencia y pasión! Vamos a explorar la fotografía y aprenderemos de fotografía pero sobre todo aprenderemos el lado del Negocio de la Fotografía y cómo utilizar esta profesión como herramienta para poder lograr la independencia económica que siempre hemos buscado! Es por eso que este libro es para cualquier persona independientemente si son Fotógrafos , Amas de casa, Pintores, chefs, blogeros, músicos o cualquier otra profesión que hagan con pasión.

En este libro aprenderemos de el arte de la f otografía, hablaremos un poco de su historia, las partes de la cámara y las mejores técnicas para poder tomar una gran foto! Recuerda, cualquiera puede tomar una foto, pero no cualquiera puede tomar una excelente foto!

Es la fotografía profesional para ti?

Es muy importante recalcar que este libro no es como el resto de los libros que enseñan f otografía. Fotógrafo no solo es el que toma una foto. Fotografo es el que comprende y perfecciona la cámara pero también perfecciona el negocio de de la Fotografía. Fotografo es el que vive de la f otografía!

La mayoría de los fotógrafos hablan de Fotografía pero no comparten sus secretos de como hacer dinero con su cámara y lo necesario para poder llevar un negocio lucrativo. Eso sin mencionar que la mayoría de los buenos libros de fotografía son en Inglés !!

 Este libro está escrito por un fotógrafo Mexicano viviendo en la Ciudad de Nueva York que empezó de 0. Un libro en Español para lectores latinos. Yo he visto los dos lados de la moneda. Yo sé lo que es vivir en Latinoamérica y en USA. Sin dinero y con dinero. Yo sé lo que es empezar de cero con una cámara usada a medio servir y un lente rayado. No ha sido fácil, por que a mi nadie me enseño como organizar mi negocio de fotografía, han sido años de errores y correcciones, sudor, desveladas pero también de muchas satisfacciones, muchas ! Ojala yo hubiera tenido alguien que me enseñara todo lo que yo les voy a enseñar en este libro y así poder ahorrar años y mucho esfuerzo. En este libro están 7 años de lágrimas, risas, sudor, viajes, frustraciones, dolores de cabeza, estudios e investigación. Para que a ustedes no les cueste tanto trabajo llegar a donde yo estoy y más allá. En este libro está todo lo que yo se de Fotografía y su Negocio. Es tu turno!
[OBJ]

Capítulo 1

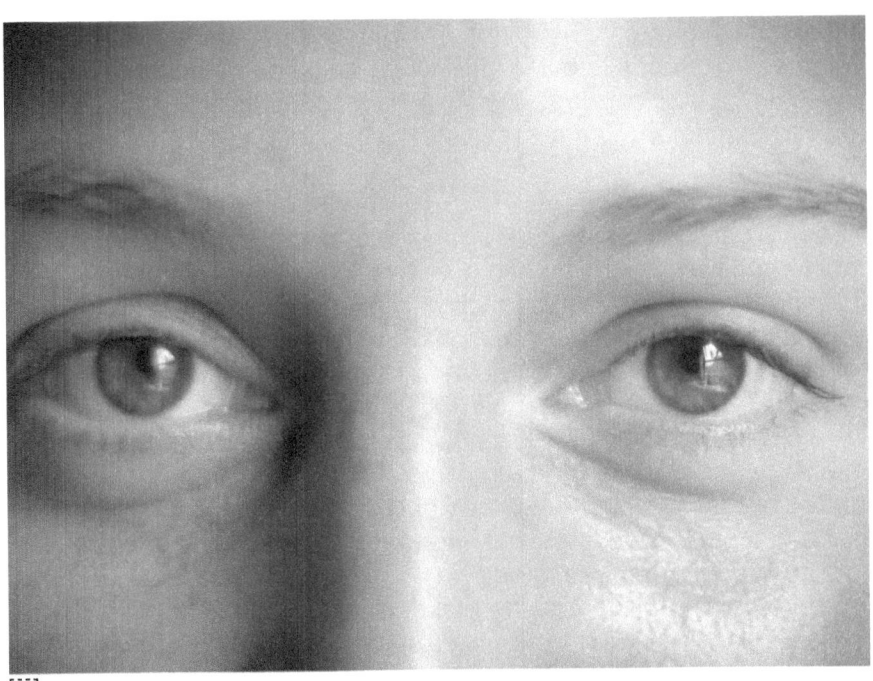

DESARROLLANDO LOS OJOS DEL FOTÓGRAFO

Me convertí en fotógrafo por que me deja observar la condición del ser humano y grabar el momento presente.
He visto el principio de la vida y su término ,
He visto a mis vecinos al cruzar la calle y alrededor del mundo..
He fotografiado como el ser humano construye.. y cómo destruye,
He fotografiado sonrisas y tristezas,
He fotografiado el cuerpo humano y su alma,
He fotografiado a la gente trabajando... y jugando.
He fotografiado las creaciones de la naturaleza.. y del hombre también,
He fotografiado cosas hermosas y gente hermosa,
He visto y fotografiado el mundo a través de mi lente con mis propios ojos... SOY UN FOTOGRAFO!!" (nyip.com)

La fotografía es un arte que empieza como afición y termina como oficio. Por más que muchos lo nieguen es un arte , ya que involucra, la vista, el sentido, sensibilidad, matemáticas, física, etc.. Es un oficio que te va a dar muchas satisfacciones en la vida, y te va a llevar a lugares que tú nunca habías imaginado. Eso te lo puedo garantizar ! Es un modo de expresar cómo ves el mundo que te rodea de forma particular. Conocerás mucha gente y aprenderás a ver el mundo de una forma distinta, apreciaras mas la belleza de la gente y el mundo, empezarás a prestar atención a colores y pequeños detalles que nunca antes habías notado. Empezarás a criticar otras fotos y empezarás a valorar el arte en toda su expresión. Vas a desarrollar lo que veremos en el primer Capítulo :

El Ojo Fotográfico

"Es una obligación moral del fotógrafo documentar y compartir el momento presente del mundo que le rodea".

Te ha pasado que, veces no vamos caminando por la calle y vemos fotos en anuncios o revistas y decimos: "Ojalá y yo pudiera tomar una foto así"?. Todos podemos tomar una foto de gran calidad si lo deseamos. Lo que debemos de entender es lo que lleva a crear una foto así, el maquillaje en la modelo, la luz tenue que llega por el lado, los colores vivos, accesorios, etc. Una de la primeras cosas que tenemos que hacer cuando vemos una foto que llama la atención, es tratar de entender y analizar lo que hizo el fotógrafo para crear esa fotografía.

Pero... ¿por qué nosotros no tomamos fotos como en las revistas? Por que no sabemos por dónde empezar! Y lo que queremos comunicar con esa foto. La mayoría de la veces el fotógrafo ya tiene en mente como la foto tiene que lucir antes de tomar la foto . Antes de tomar la foto haz una pausa piensa que es lo que quieres decir con esa foto, no hay prisa. La fotografía es un lenguaje, es un lenguaje visual y necesitas aprender a expresar lo que quieres decir con tus fotografías, no te preocupes. Yo te voy a enseñar a hablar el lenguaje de la fotografía.

- *"Pero Alberto; donde yo vivo no hay nada interesante que fotografiar, todo es aburrido y monótono, es la misma gente y las mismas cosas"* Si tu fueras a China estoy seguro que encuentras varias cosas que fotografiar, verdad? Todo sería nuevo para ti. Así mismo, si una persona de China viene a donde tu vives estaría fascinado por tomar fotos de cosas y colores que para ti son aburridos. El estaría loco tomando cientos de fotos! Por que para él, todo esto es nuevo.

Tenemos que cambiar el modo en que vemos lo que nos rodea y encontrar el lado creativo y hermoso de lo que vemos día a día. Y empezar a pensar como el chino encontrando cosas interesantes en lo que para nosotros es monótono. Verás que la fotografía te va a enseñar a ser una mejor persona, ya que te volverá más sensible a lo que te rodea. Créeme, la fotografía te cambiará la vida. Lo hizo conmigo.

Pero antes de correr tenemos que caminar así que aquí te muestro las líneas básicas a seguir en una Foto:

1- Una buena fotografía siempre tiene al sujeto claramente. Si quieres tomar la foto de un perro trata de que no salga la mitad del cuerpo nada mas o solo la cola. Enseña el sujeto en su totalidad. Trata de decir una historia con tu fotografía. ¿ Cuál es el tema de la foto? ¡El perro!

2- Trata de que tu atención sea atraída inmediatamente al sujeto. Hay técnicas de cómo hacer esto, por medio de luz, líneas o haciendo que el resto de la foto salga un poco borrosa, y tu sujeto sea lo único que esté enfocado (profundidad de Campo). Más adelante, hablaremos en profundidad de esto. Trata de que tu sujeto este enfrente de la cámara y que abarque la mayoría de la foto. En lugar de hacer un Zoom o acercamiento con el lente, acércate tú, muévete, toma unos pasos y mira distintos ángulos. No tengas miedo a acercarte a tu sujeto (a menos que sea un León). No siempre tenemos todo el tiempo del mundo para tomar la foto perfecta. Hay veces que algunas cosas pasan de repente, si estás en una situación así toma la foto sin importar detalles. Si es posible toma una segunda o tercera foto y después decidirás cual guardar y cual eliminar. Siempre toma 3 fotos. No te cuesta nada! Son gratis! Pregúntate a ti mismo: ¿Cómo puedo atraer más atención al sujeto? Qué cambios necesito hacer?

4- Observa la luz; Analiza qué tan intensa es la luz que te rodea y cómo la puedes usar para que tu foto se vea mas interesante. La dirección de la luz también es muy importante,

3- Una buena foto siempre simplifica: la foto tiene que tener todos los elementos de tu sujeto y tiene que eliminar cualquier tipo de distracción. Trata de eliminar cualquier tipo de objetos, personas o cosas que distraigan la atención de tu sujeto. Ya sea cortando la foto, acercándonos el sujeto o moviendo el sujeto de lugar.

Siguiendo estas cuatro técnicas básicas, verás que tus fotografías empezarán a tener más sentido y empezaras a "hablar Fotografía" y lo más importante es que empezaras a ver lo que te rodea desde un punto de vista crítico y distinto. Se paciente contigo mismo. Roma no se construyó en un día. La práctica es la clave, toma fotos todos los días, de lo que sea y en donde sea. Si no tienes una persona con quien practicar toma fotos de cosas, lo que sea! Un árbol, un carro, una lata de refresco en la calle, no importa. Por el momento, lo que queremos es empezar a sentirnos cómodos con la cámara. Ahora que la Fotografía ha pasado de ser Filme a Digital, la ventaja de la fotografía digital es que puedes ver los resultados

instantáneos y borrar en el momento lo que no te gusta ! ¡
Aprovecha! Trata de llevar contigo tu cámara por todos lados, utiliza
una mochila y acostúmbrate a vivir con tu cámara. Es parte de ti, es
otra extremidad, otro brazo, otro ojo.

No es necesario en estos momentos que tengas un equipo súper
profesional, puede ser una cámara barata, prestada o incluso tu
celular (por ahora), por el momento se trata de desarrollar el Ojo del
Fotógrafo.

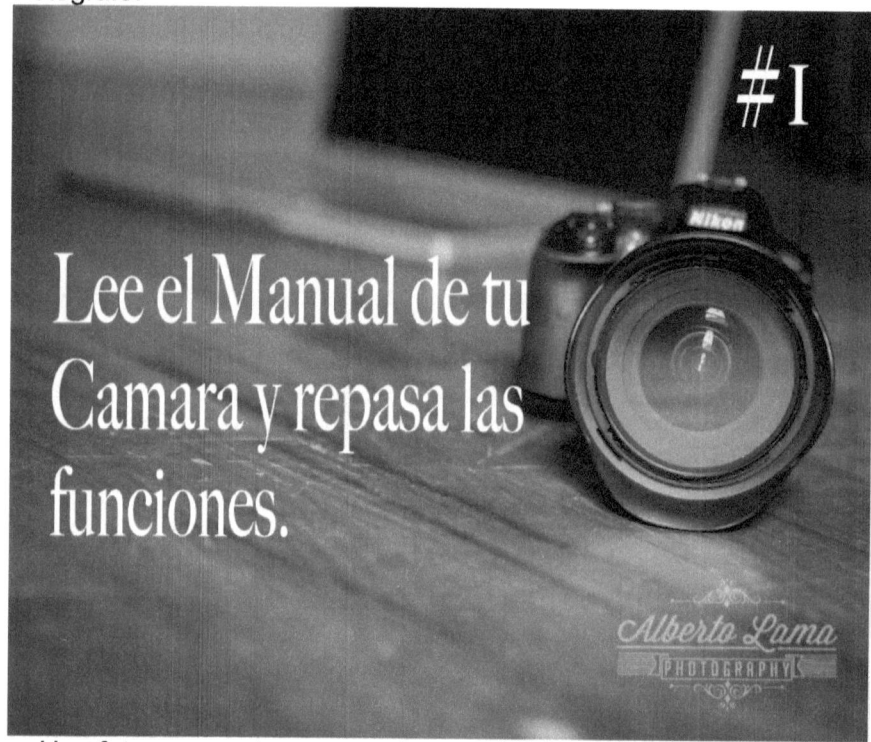

Una foto no es otra cosa, más que LUZ. La fotografía es luz y
tenemos que controlar la luz, tanto de intensidad como velocidad y
dirección (Física). Luz es la clave, presta atención a la dirección de
la luz. Viene del lado izquierdo, de el lado derecho, arriba, detrás
del sujeto? Luz natural o artificial? La cantidad de luz que se grava
en el sensor de tu cámara es lo que crea la Fotografía. Presta
atención a los tonos, dirección e intensidad de la luz. Toma fotos de
el mismo objeto a distintas horas de el dia y ve los resultados.
¿Cual te gusta más ? Empieza a compartirlas con tu familia y
amigos. Empieza desde ahor a a correr la voz de lo que estás
creando y en lo que te estas convirtiendo, un Fotógrafo! Estas son
apenas algunas técnicas , trucos y secretos que los fotógrafos

profesionales utilizan diariamente. Pero esto apenas comienza hay mucha más información más adelante.¿listo?

Ejercicio: Pon tu cámara en modo Automático y utiliza l os tips básic o s que te acabo de enseñar. En este ejercicio nos enfocaremos solamente en d esarrollar el o jo Fotográfico. Práctica !

[OBJ]

Capítulo 2

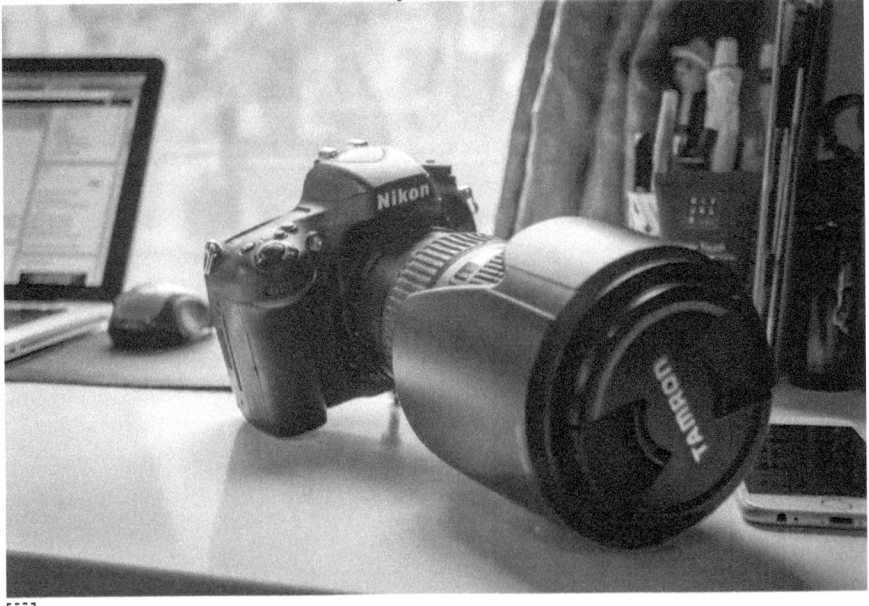

[OBJ]

La Camara Fotografica

No voy a hablar mucho acerca de la Historia de la cámara fotográfica, #1 por que todos lo libros de fotografia dicen los mismo y #2 e ste no es un libro de Historia. Lo que sí te puedo aconsejar por el momento - Debido a que hay muchos tipos de cámara y marcas diferentes es que lean el manual de su cámara para poder entender ese equipo en específico . Si no lo tienen a la mano, busca en internet la marca y modelo de tu cámara y después busca en Manuales en línea . La mayoría de compañías de cámaras tienen todos los manuales en línea y en distintos idiomas toma tu tiempo. "Entiende el bolígrafo, que yo te enseñaré a escribir".

Pero, para que sepan lo básico y después no digan que este no es un libro completo de fotografía, aquí está un poco de Historia: La Cámara fotográfica o Caja fotográfica fue Inventada por Daguerre en París en 1839. La Cámara fue introducida en América gracias

a George Eastman Y su compañía Eastman Kodak company. Listo, ahí tienen la historia de la cámara fotográfica. Lo único que tienen que entender es que la Cámara es una caja obscura que permite y limita la Luz por medio de un un lente y un Diafragma que se cierra y se abre y se graba en un sensor , que nos permite controlar la cantidad de luz que queremos usar en ese momento. La luz crea la Fotografía
.

Que m arcas usar:
 La tecnología a avanzado tanto que en realidad casi todas las marcas de cámaras son muy buenas; Es como comparar Samsung contra un iPhone; Samsung sería el equivalente a Nikon y iPhone a Canon. Pero ya que este libro está dirigido a la gente que va empezando. No es importante en estos momentos que tengas la mejor cámara del mundo, si no sabes como usarla. Olympus, Sony, Pentax, Panasonic, Sigma, Fujifilm, Tamron, etc. Son muy buenas opciones también y más accesibles.
Cuantos megapixeles necesit as ? El tamaño del Sensor y los megapixeles van a ser cosas que harán variar el precio en una Cámara . Si tu finalidad no es imprimir tus fotos en murales en la calle o hacer impresiones de gran tamaño, te recomiendo que compres algo algo menor a los 16 MegaPíxeles por el momento. Cámaras de esas dimensiones son excelentes para practicar. 12 MP está bien por el momento.

Partes de la Camara:
El Lente:
   El lente es un vidrio óptico por donde la Luz va a pasar y se va a grabar en el sensor de nuestra cámara digital. Su función es re - direccionar los haces de luz para crear una imagen "óptica" en un soporte fotosensible. La mayoría de los lentes en estos tiempos tienen la opción de usarlos Manual o auto enfocado, cuando esta en modo Automatico nosotros le decimos al lente en qué parte de la escena queremos que se enfoque por medio de un Pequeño rectángulo que vamos a poder mover y decirle a la cámara en donde enfocarse y que tanto acercamiento queremos.

   La Velocidad del Lente: Hay algunos lentes más rápidos que otros. Entre más rápido sea el lente más nítida será nuestra imagen, este término se le llama (Sharp). Esa va a ser la habilidad de congelar y abrir más el diafragma, el movimiento de un objeto y en condiciones de escasa luz.
 Los l entes más rápidos cuestan más . En alguna parte alrededor del lente verás una secuencia que indica qué tan rápido es el

lente. Esta información te dirá el grado máximo de apertura de ese lente, por ejemplo: 1:2.8 significa que el grado máximo de apertura es F/2.8 Entre menor sea ese numero mas rapido sera ese lente, pero costará más dinero.

Hay distinto tipos de lentes de corto, mediano y largo alcance (Zoom) como el que se muestra arriba. En este caso es un Lente 70-200mm. Ojos de pez, Gran Angular, Fijos, Macro, Tilt-shift y Teleobjetivos.

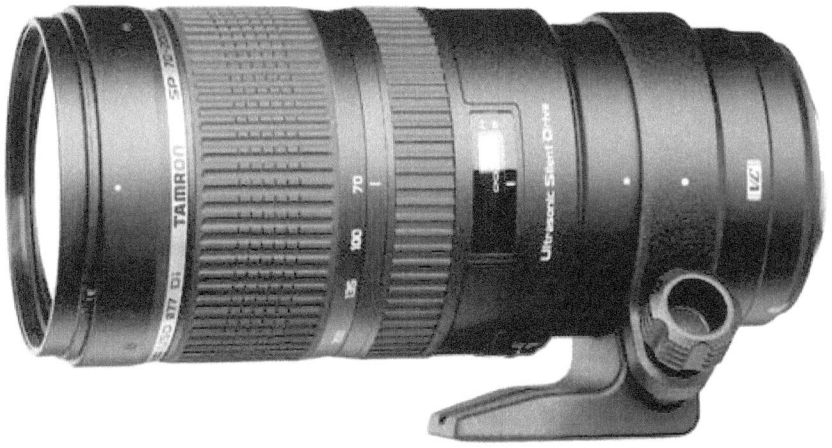

Foto: Cameralabs

Lente Zoom: Es el tipo de objetivo más utilizado, ya que permite una mayor versatilidad al poseer un amplio rango focal. Se utilizan para diversos tipos de fotografía gracias a su rango focal, su principal ventaja es poder cambiar de focal desde el mismo de anillo del objetivo en vez de tener que cambiar este para ir, por ejemplo, de una focal angular –70mm– a un –200mm–. En otras palabras con este tipo de lente podremos hacer un acercamiento de el objeto distante.

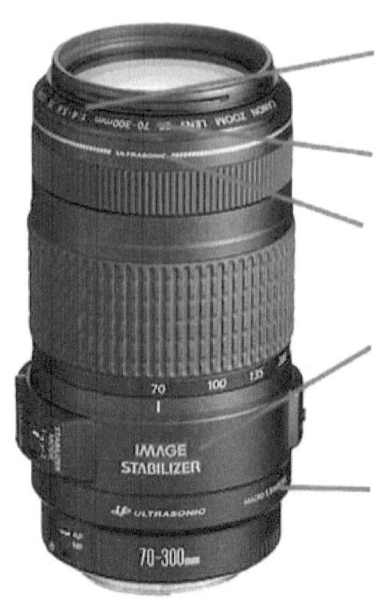

Apertura màxima de diafragma: f4 a 70 mm y f5.6 a 300mm

Distancia focal: mínima 70 mm, máxima 300mm

Sistema de enfoque Ultrasonic (USM)

Estabilizador de imagen

Distancia mínima de enfoque en función macro: 1,5 metros

foto: *http://blogs.infobae.com*

Ojo de Pez: Los objetivos fisheye –ojo de pez– poseen un ángulo de visión gran angular pero, a diferencia de estos, tienen un campo de visión más amplio (a los lados) incluso hasta llegan a ocupar 180°. Las focales consideradas ojo de pez van desde los 8 mm hasta los 15mm. Generalmente los lentes entre 8 y 10mm producen imágenes circulares en cámaras full frame, en donde encontramos un extremo Viñeteo y los que se encuentran cerca de los 15 mm pueden cubrir todo el sensor. Ofrecen un efecto e imagen curva. Son lentes divertidos y muy buenos para paisajes o fotografía de calle..

Gran Angular: Este tipo de objetivos también abarca un gran campo de visión, pero no posee una distorsión tan grande como la un lente fisheye, generalmente son utilizados para paisajes, vistas panorámicas o fotos urbanas donde se desea capturar una gran porción de la imagen. También son utilizados frecuentemente para realizar fotografía de interiores en Bienes Raíces .

Lente Ojo de Pez

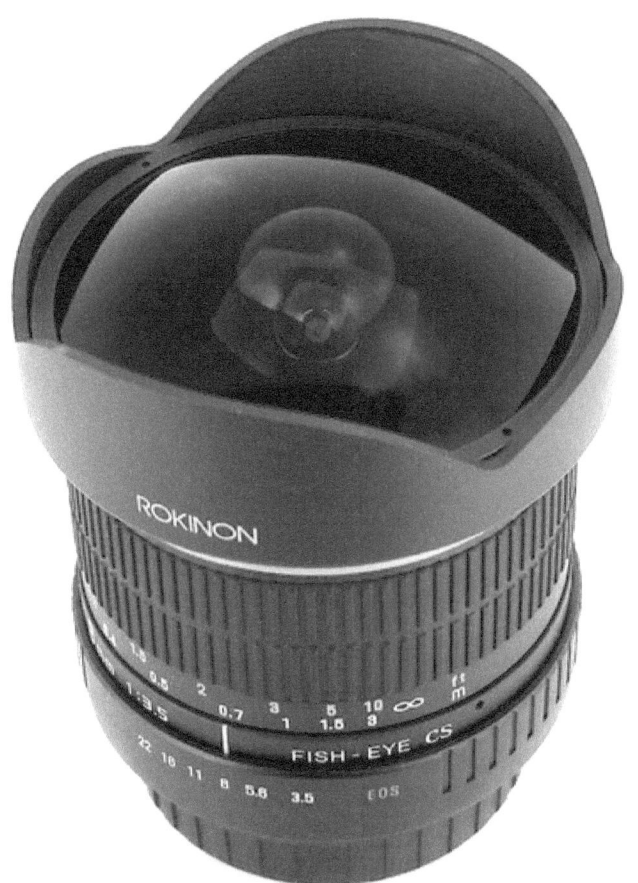

foto: *http://nikonrumors.com*

Lentes Fijos: Los objetivos de focal fija –o prime, en inglés – poseen solo una focal, no permitiendo realizar zoom desde el mismo. 35 mm son similares al Ojo humano sin distorsión y permitiendo más luz en el lente. Son muy buenos ya que son muy nítidos.

Macro: Su principal característica es que permiten realizar enfoques a muy corta distancia del sujeto a fotografiar y que poseen grandes magnificaciones, usualmente 1:1, lo que permite representar objetos pequeños con una gran calidad. Se utilizan mucho para fotos de joyería, o insectos.

Fotografía Macro de Caracol

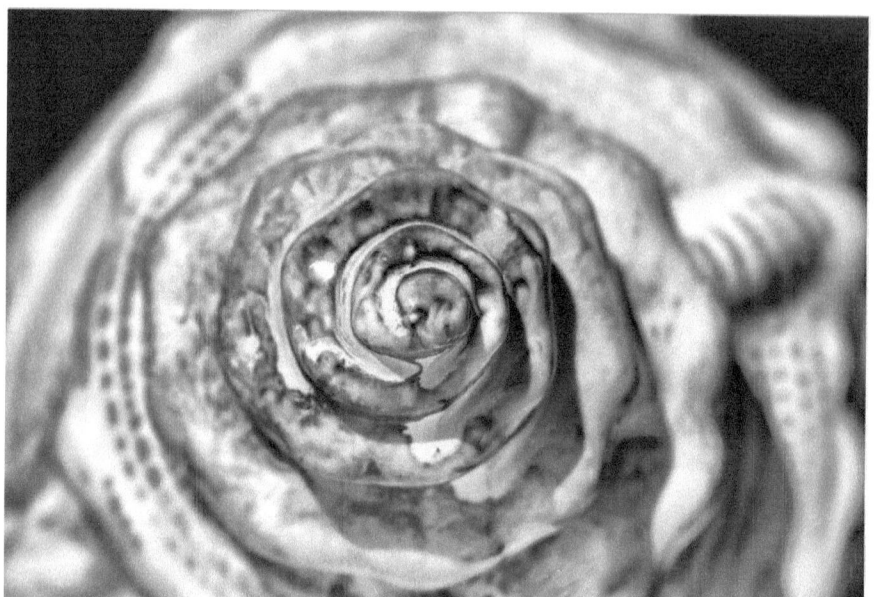

Foto: Alberto Lama

Lentes especiales-Tilt-shift : Este peculiar tipo de objetivos permite realizar movimientos sobre el eje del lente hacia arriba o abajo y hacia los lados, así como también rotando sobre su eje. Es un tipo de lente muy particular y suele ser usado para corregir perspectiva en fotografía de arquitectura.

Teleobjetivos:
Su principal cualidad es acercar los objetos fotografiados, nos permiten tomar fotos a objetos o personas que se encuentran a gran distancia de la cámara. Al tener una gran distancia focal también reducen la profundidad de campo en nuestras fotografías por lo que producen un genial desenfoque o Bokeh. Son frecuentemente utilizados para fotografía deportiva y de naturaleza. Es recomendable acompañar su uso de un monopie o trípode ya que cualquier vibración o movimiento podría resultar en una fotografía movida. (1)

1- http://hipertextual.com/archivo/2010/03/guia-objetivos/

El Sensor:
El Sensor en tu Cámara digital es en donde se va a grabar la información de la luz (fotografía) por una matriz de elementos fotosensibles que funciona convirtiendo la luz que capta en pequeñas señales eléctricas, que son convertidas, analizadas, almacenadas y representadas como un patrón Analógico o Digital. Cada uno de esos elementos se llama Píxel. Entre más
 Píxeles o Megapixeles mejor la posibilidad de imprimir o ver las

fotos de una forma más grande y con mayor calidad. Pero a menos que vayas a imprimir fotos para Espectaculares en la calle tipo Broadway, no necesitas más de 12MP.

El número de píxeles horizontales y verticales dependerá del tamaño de la imagen. Una cámara digital con una valorización de 5 megapixeles toma fotografías que tienen 2.592 píxeles de ancho por 1.944 píxeles de alto. 2.592 píxeles multiplicado por 1.944 píxeles equivale a 5.038.848 píxeles , lo cual se aproxima a 5 megapíxeles . La misma ecuación puede ser usada para calcular cualquier valorización de megapixeles. Por ejemplo, 3.000 píxeles horizontales multiplicado por 2.400 píxeles horizontales equivale a 7.200.000 píxeles, o 7 megapíxeles . (2)2- http://www.ehowenespanol.com/calcular-megapixeles-como_141481/

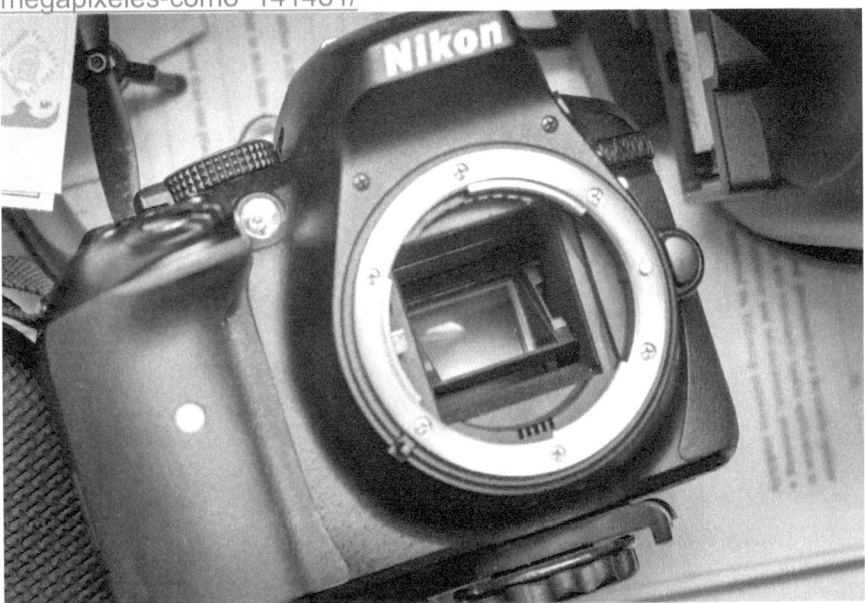

El espejo refleja la imagen a el Sensor en la parte de arriba. Foto: Alberto Lama

El Visor : Es la ventanita en donde nosotros vamos a poner nuestro Ojo y vamos a ver la escena como se verá en la foto. Básicamente estamos viendo cómo se va a ver la foto antes de tomarla. Algunas cámaras tienen la opción de Visor electrónico que es ver la imagen en la pantalla LCD que se encuentra en la parte trasera de la cámara. En esa misma pantalla veremos el menú y configuraciones de la foto.

Obturador: Son unas pequeñas cortinas de metal que se abren y cierran permitiendo el tiempo que vamos a dejar entrar la luz a nuestro sensor.

El Disparador: Es el botón que apretamos para tomar la foto y no creo que necesite más explicación.

Tipos de cámaras Digitales

Cámaras en tu Teléfono: Son las típicas cámaras con las cuales te tomas una selfie y cualquier teléfono las tiene. Si eres Blogero o solo tomas fotos para Facebook o Instagram, esto es lo que necesitas. Estoy seguro que las conoces mejor que yo!

Automáticas o Point and shoot : Esta cámara es la típica que tu mamá tiene para las fiestas de cumpleaños. Se compra en cualquier tienda departamental. La mayoría de estas cámaras toman fotos decentes y son muy fáciles de usar. Tienen varios Modos de fotografía como De Noche, Nieve, Atardecer, etc. La desventaja es que limitan la creatividad del fotógrafo ya que no se puede intercambiar lentes, el Zoom (acercamiento) que tienen, es muy limitado y tienes que componer la Foto usando la ventanilla LCD digital y no es exactamente lo mismo que se grabará en el sensor. Son buenas para practicar y para principiantes y desarrollar el Ojo del fotógrafo.

DSLR cámaras o Digital-Single-Lens-Reflex : Estas son las cámaras que la mayoría de los profesionales usan y las cuales aquí vemos con más profundidad. Tienen mayor capacidad de Pixeles o Fotograma Completo (Full Frame), se puede intercambiar lentes, tienen modos como manual, apertura, velocidad, prioridad, etc más adelante hablaremos de ellos. Tambien t oman vídeo. Este es el tipo de cámara en la cual nos enfocaremos en este libro. Estas son las llamadas cámaras profesionales ya que podemos tener casi un control absoluto de la escena. Son un poco mas caras pero vale la pena la inversión.

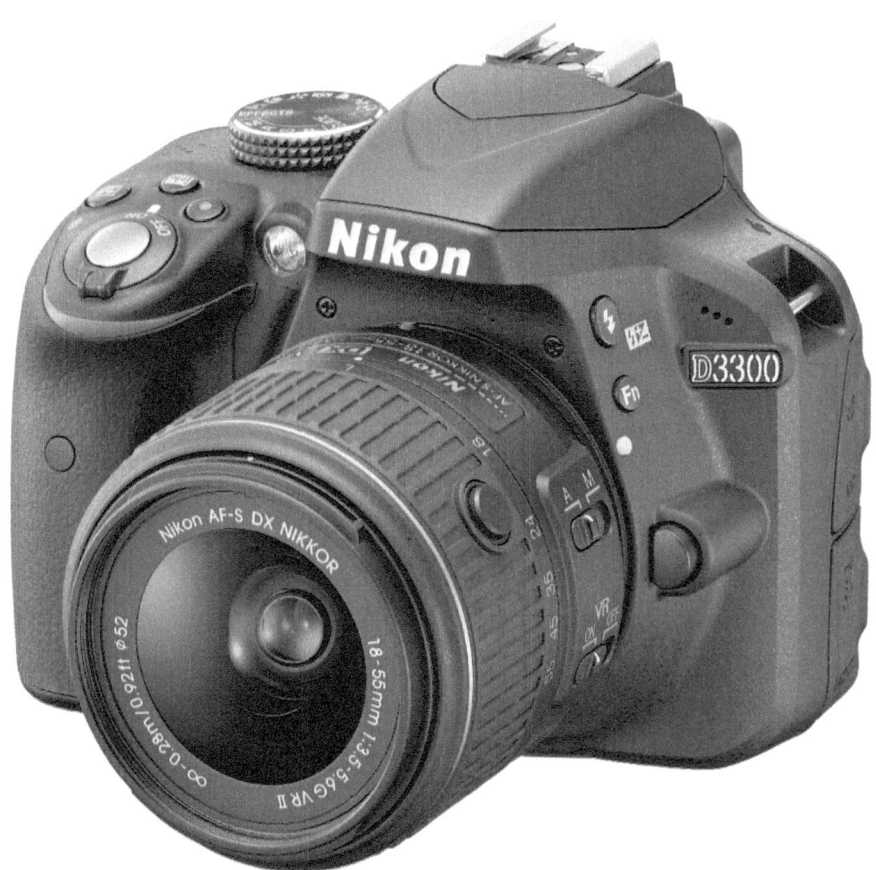

Foto: bhphotovideo

Cámaras Mirrorless o Sin Espejo: Este tipo de cámara es la más reciente. En estas cámaras no se utiliza un Espejo como en las DSLR, por lo tanto son más pequeñas y ligeras, tienen una gran cantidad de Megapíxeles y la calidad es muy buena. Se les puede intercambiar lentes, toman Video de alta definición o 4K. Al mismo tiempo pueden llegar a ser muy costosas. Estoy seguro que entre mas tiempo pase bajaran de precio. Si tienes la suerte de poder comprar una de estas cámaras, te recomiendo que lo hagas ya que poco a poco más y más fotógrafos se están yendo por esta opción. Una de las mejores compañías que está invirtiendo mucho

en su calidad es Son

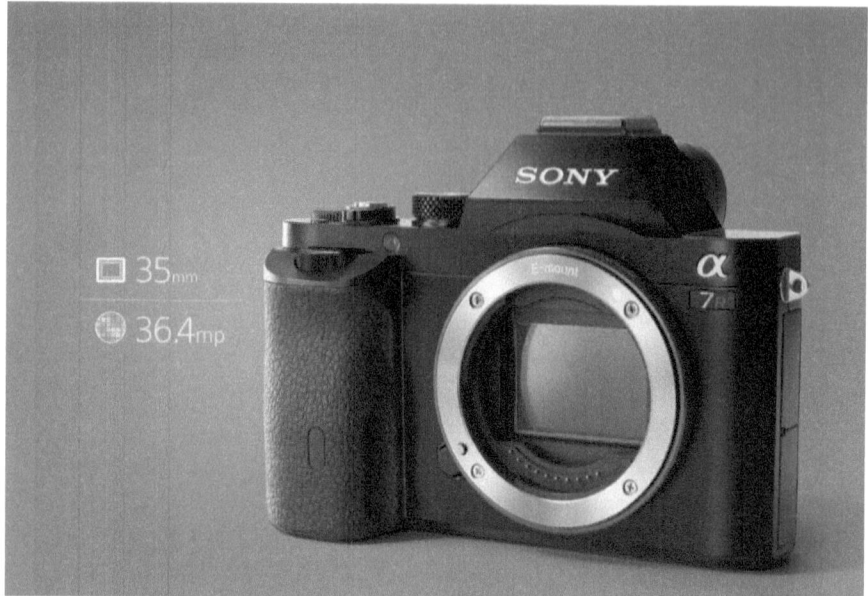

foto:Sony.com

Medio y Largo Formato : Son cámaras especializadas para Agencias de Publicidad o Revistas y como su nombre lo dice son un formato y Pixeles superior. Utilizan archivos muy grandes para hacer ampliaciones de Pancartas o Carteleras. La mayoría de la gente no utiliza este tipo ya que su costo es astronómico.

¿Que tipo de cámara utilizar para este libro?
Sin importar que tipo de cámara uses los conceptos son muy similares, pero nos enfocaremos a cámaras DSLR y Mirrorless. Ya que la idea es que hagas fotografía profesional y ofrezcas buena calidad. Pero te repito que al final de cuentas depende mucho de tu habilidad para capturar la foto y estar en el lugar indicado al momento preciso.

¿Que es mejor Canon o Nikon?
Yo te puedo responder con otra pregunta. Que es mejor, Iphone o Samsung galaxy? Depende de tus gustos. Las dos son muy buenas pero Canon tiende a ser un poco más costoso. Si no tienes mucha experiencia en la fotografía es mejor empezar con algo básico y sin romper el cochinito. Algunas muy buenas opciones son marcas como: Pentax, Samsung, Olympus, Sony, Panasonic, Lumix, Tokina, etc.

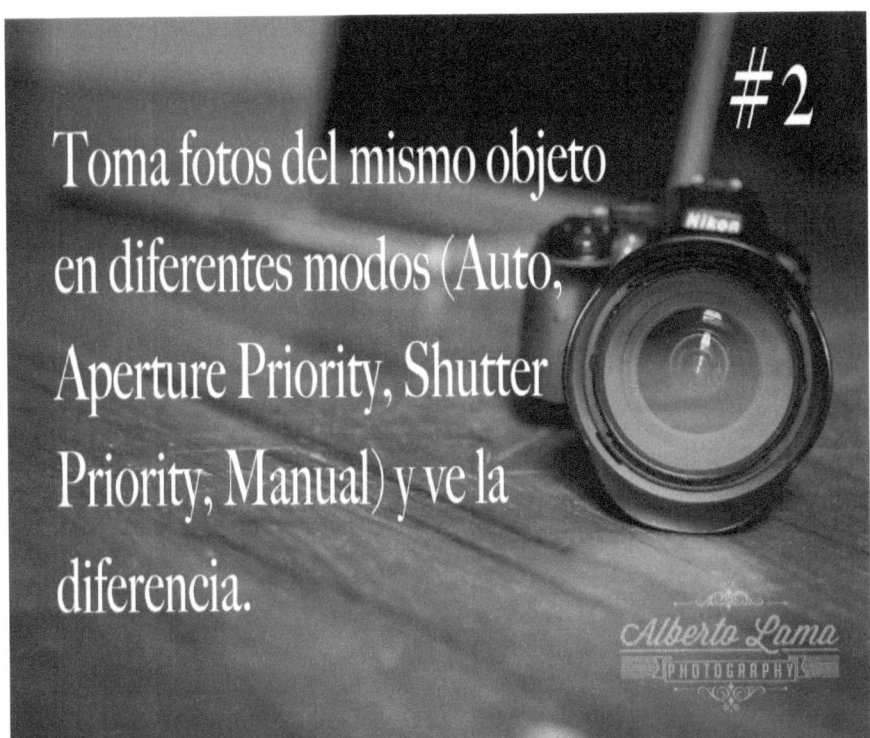

Toma fotos del mismo objeto en diferentes modos (Auto, Aperture Priority, Shutter Priority, Manual) y ve la diferencia.

#2

Alberto Lama PHOTOGRAPHY

Tarjetas de Memoria

Las Tarjetas de Memoria o Flash card es una memoria electrónica en donde la cámara va a guardar la información de la foto o video Digital. Existen varios tipos pero en este caso nos enfocaremos en las más comunes.

CF Card: Compact Flash Card.
Tarjeta Multi -Media: Es la tarjeta que la mayoría de las cámaras reciente s utilizan.

[OBJ]

La velocidad de la tarjeta de memoria es la rapidez en que la tarjeta va a guardar en tu cámara y descargar la información en tu computadora.

Algunas computadoras tienen lector de tarjetas de memoria integrado. Si este no es tu caso existen "Lectores de Tarjeta" que puedes conectar al USB de tu computadora y bajar las imágenes. No son muy caros y es bueno siempre tener uno a la mano.

	Mark	Minimum Serial Data	SD Bus Mode	Application
UHS Speed Class	⎿3⌋	30MB/s	UHS-II UHS-I	4K2K Video Recording
	⎿1⌋	10MB/s		Full HD Video Recording HD Still Image Continuous Shooting
Speed Class	CLASS⑩	10MB/s	High Speed	
	CLASS⑥	6MB/s	Normal Speed	HD and Full HD Video Recording
	CLASS④	4MB/s		
	CLASS②	2MB/s		Standard Video Recording

[OBJ]

Capítulo 3

[OBJ]

Capturando la Foto

Bueno, ahora ya tenemos la cámara y es hora de empezar a tomar fotos . La finalidad de este libro es que te sientas cómodo tomando fotos en el Modo Manual (M) de tu cámara, ya que en ese modo tenemos un control total sobre la cámara y lo que queremos capturar. Te garantizo que no es tan difícil como muchos creen. Lo fascinante de la fotografía es que nunca terminas de aprender gracias a que la tecnología avanza constantemente y como profesionales tenemos que por lo menos saber de las nuevas técnicas y equipo. Practica, practica,y practica de nuevo. No tengas miedo a explorar las opciones de tu cámara, siempre puedes reiniciar los ajustes después.

Pero antes de eso tenemos que entender algunos conceptos básicos y preguntarnos, qué tan serio queremos dedicarnos a este negocio.

Quieres aprender fotografía como pasatiempo? Lo cual es muy válido y respetable, pero si quieres hacer esto como negocio, tenemos que entender que la gente va a confiar en nuestras habilidades como fotógrafo y tu trabajo es entregar fotos de calidad.

"En este tiempo en que la gente puede dejar reseñas y opiniones en internet acerca de otros.. no podemos darnos el lujo de hacer un mal trabajo que arruinará nuestra reputación como fotógrafos." Desde un principio es primordial que ofrezcamos buen servicio al cliente. A migable y profesional. Así obtendremos buenos resultados con nuestros primeros clientes (amigos o familia) y lo que es más importante, que dejen su reseña en portales como Yelp.com.mx o Facebook.

Te repito, paciencia y practica s era lo que te hará un maestro en fotografía. Cada situación y cada foto es diferente, no es lo mismo tomar una foto del mismo árbol a las 9 am que a la 1 pm o 7 pm cada vez tenemos que hacer algunos pequeños cambios en la cámara. Vamos a empezar a entender lo que es el ISO.

ISO (Internacional Standards Organization): Es la escala de sensibilidad fotográfica a la luz. O sea, es el término por el cual se utiliza para medir la luz en el mundo de la fotografía. Si estamos en una escena de poca Luz, lo que podemos hacer es aumentar el ISO y la foto se verá más iluminada. Pero no es tan fácil como se escucha, entre más ISO más ruido, pero que es el Ruido o noise?

El Ruido: Es cuando la foto se ve como con granos que aparecen cuando los puntos que forman la imagen adquieren tanto tamaño que son apreciables a la vista. Esto sucede mucho cuando tomamos fotos en interiores con poca luz o de noche. Aumentar el ISO puede ayudar pero también va a crear ruido. Más adelante explicaré como arreglar esto.

Medidor de luz: Todas las cámaras modernas ya vienen con medidor interior de luz. La mayoría de la veces es muy acertado y no hay necesidad de comprar uno externo. Dependiendo donde nos enfoquemos la cámara nos dirá si necesitamos hacer cambios. Cuando ponemos el Ojo en el visor de nuestra cámara veremos algo parecido a esto en la parte de abajo:

Foto bein expuesta

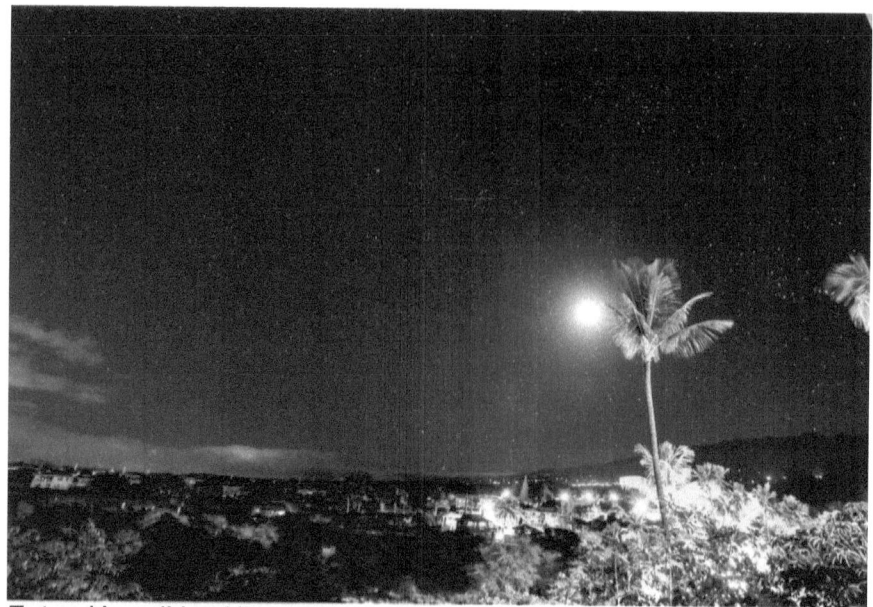

Foto : Hawaii by Alberto Lama
Claro ejemplo de foto con alto ISO y ruido

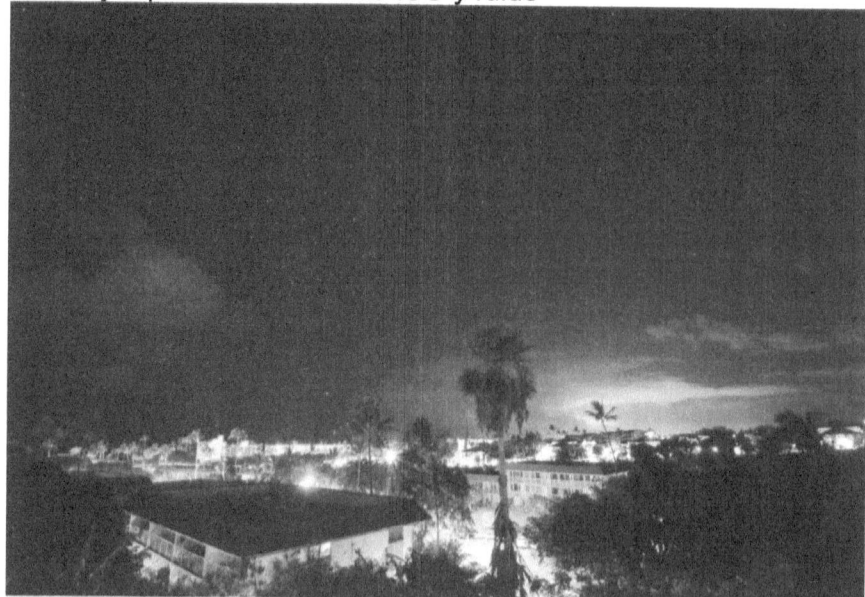

Medidor de Luz:

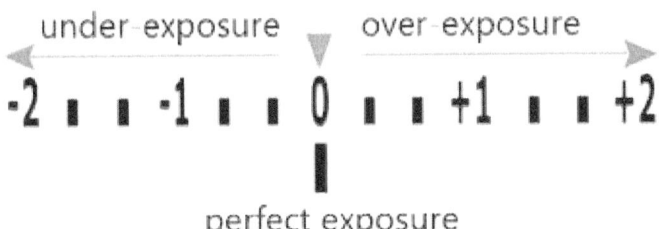

under-exposure   over-exposure

-2 ▪ ▪ -1 ▪ ▪ 0 ▪ ▪ +1 ▪ ▪ +2

perfect exposure

La finalidad es que esa pequeña línea esté en la parte de en medio, si esta un poco a la derecha esta sobre-expuesta la foto. Si esta de el lado izquierdo la fotografía estará bajo-expuesta se verá más oscura . El medidor (línea de en medio) la podremos mover con los anillos rotatorios en la parte superior de tu cámara. Así, como hay reglas que seguir para tomar una foto, es importante aclarar que las reglas son diferentes, pero con la práctica esos cambios que tienes que hacer en la cámara se volverán casi involuntarios y te acostumbraras a ellos.

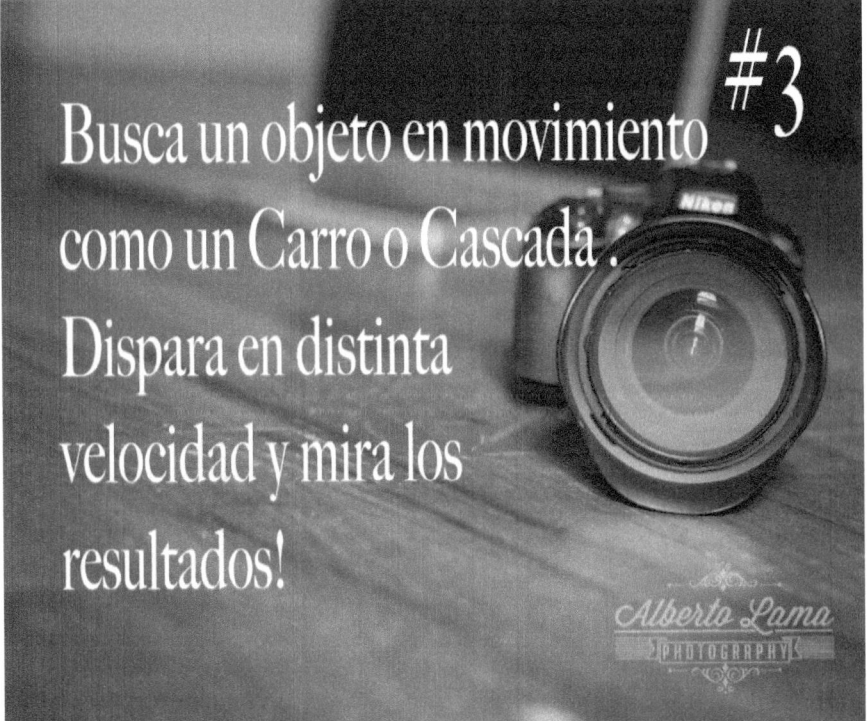

Busca un objeto en movimiento #3 como un Carro o Cascada . Dispara en distinta velocidad y mira los resultados!

Alberto Lama
PHOTOGRAPHY

Es importante recalcar que la forma de deshacernos de el efecto "Ruido" es mantener el ISO lo más bajo posible (entre 100 y 200 para exteriores y 900 o 1200 para interiores), añadir luz con un flash o lampara de luz fija, exponer nuestra foto de una forma correcta y tomar la foto en formato RAW en lugar de JPG ayudara bastante. No le tengas miedo al ISO en algunas situaciones es necesario usar un ISO de 3000 o 3500 como por ejemplo en fotos de el cielo de noche, Bodas o Eventos sociales en donde por lo regular son en cuartos cerrados y con poca luz, pero también tenemos que cambiar la Apertura. Con la tecnología que tenemos en estos tiempos hay formas de arreglar eso en la Post- producción por medio de programas en tu computadora como Lightroom o Photoshop. Pero la finalidad es tomar la foto correctamente en el momento, para reducir el tiempo y esfuerzo de Post- producción . Ya se, ya se.. se está volviendo un poco complicado pero para eso han creado el Triángulo fotográfico, que sirve para poder entender que cada vez que hagamos un cambio en un lado tenemos que hacer unos cambios en el otro lado y mantener balanceada la cantidad de luz que va a entrar a nuestra cámara.

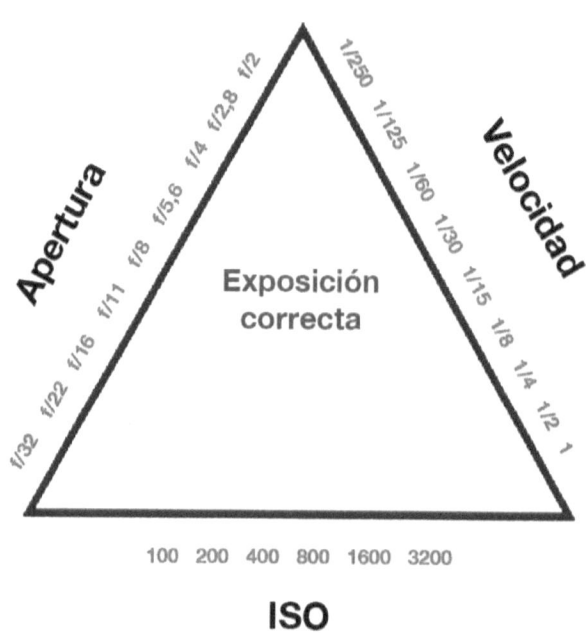

Apertura: Entre mas abra el lente más luz va a dejar pasar. Esto se le llama Apertura: Mucha gente se confunde con este tema ya

que a menor número de (F stop) mayor será la apertura de ese
lente y por consiguiente será   más   rápido . Me explico?
Una parada completa (full-stop) es doble la cantidad de luz que
entra a la cámara . Si cerramos una parada, la corta a la mitad. Es
un poco confuso pero es importante entender esto. f4 admite más
luz que f5.6; f5.6 acepta el doble de luz que f8; f8 acepta el doble
de luz que f11 y asi sucesivamente. La secuencia es la siguiente:
f/1 f/1.4 f/2 f/2.8 f/4 f/5.6 f/8
f/11 f/16 f/22 f/32 f/45 f/64
Recuerdan que al principio mencione que la fotografía es un arte
que envuelve Matemáticas ? Con el tiempo t e acostumbra ras a
hacer las conversiones necesarias para tener una buena exposición

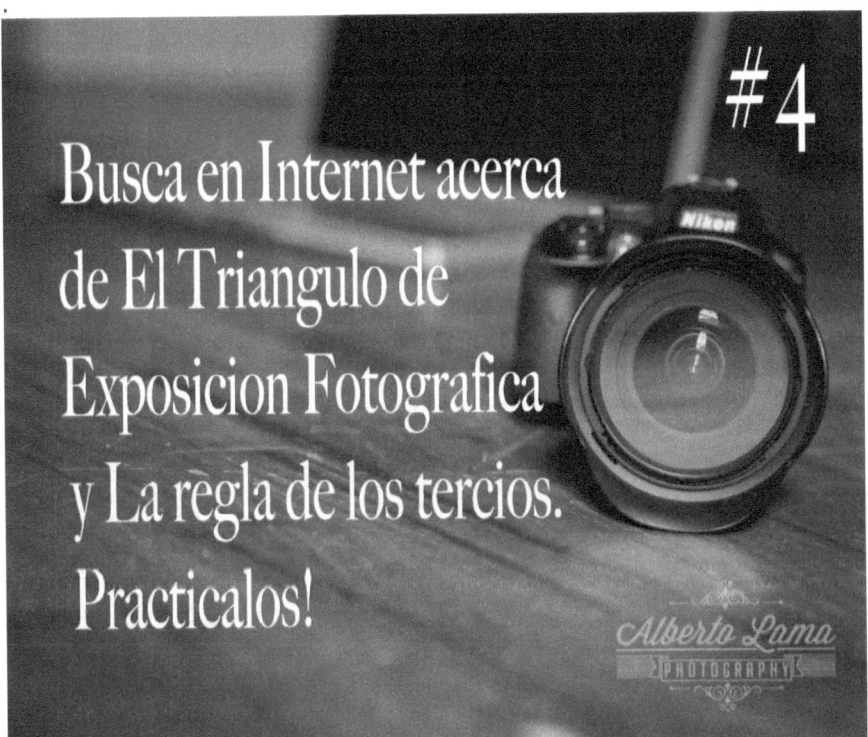

Busca en Internet acerca de El Triangulo de Exposicion Fotografica y La regla de los tercios. Practicalos!

#4

Alberto Lama
PHOTOGRAPHY

Velocidad:
La velocidad de obturación o velocidad de disparo, corresponde al l
tiempo de exposición y hace referencia al periodo de tiempo
durante el cual está abierto el obturador de una cámara fotográfica.
Se expresa en segundos y fracciones. Los tiempos de exposición
de una cámara fotográfica pueden ajustarse en valores discretos. El
salto de cada valor al siguiente se denomina un paso. Estos valores
suelen oscilar entre los 30 segundos y 1/8000 de segundo en las

mejores cámaras; para realizar exposiciones más largas suele existir la opción B (o modo Bulb) en la que el obturador se mantiene abierto durante el tiempo que mantengamos el dedo sobre el pulsador. Aunque no puede hablarse de tiempos rápidos o lentos con independencia de la situación fotografiada, a efectos prácticos, en la mayoría de situaciones, podemos distinguir:

• Tiempos cortos: mayores a 1/60 segundos; el obturador permanece abierto muy poco tiempo dejando pasar menos luz hacia el elemento fotosensible. Con ellas se consigue congelar o reducir notablemente el movimiento.

Tiempos largos: menores a 1/60 s; el obturador permanece abierto más tiempo dejando pasar más luz. Con ellas se consiguen imágenes movidas, desplazadas, otorgando mayor sensación de desplazamiento. En estos tiempos es recomendable usar un trípode para evitar que se mueva la cámara por el pulso. (1)

1- https://es.wikipedia.org/wiki/Velocidad_de_obturación

Enfoque: Tu cámara por lo regular va a venir con un modo llamado Auto-Enfoque (AF). En donde la cámara va a decidir en qué parte de la escena enfocarse, pero limita la creatividad. Las cámaras vienen con 8. 16, 32 o más puntos de enfoque, dentro de esos puntos (que parecen más como cuadritos) va a ver uno que esté más iluminado que los demás, ese punto es en donde la Cámara se enfocará por completo . Por ejemplo si tomamos fotos de un retrato, siempre tenemos que enfocar en los Ojos de la persona. Veremos algo así en el visor de nuestra cámara:

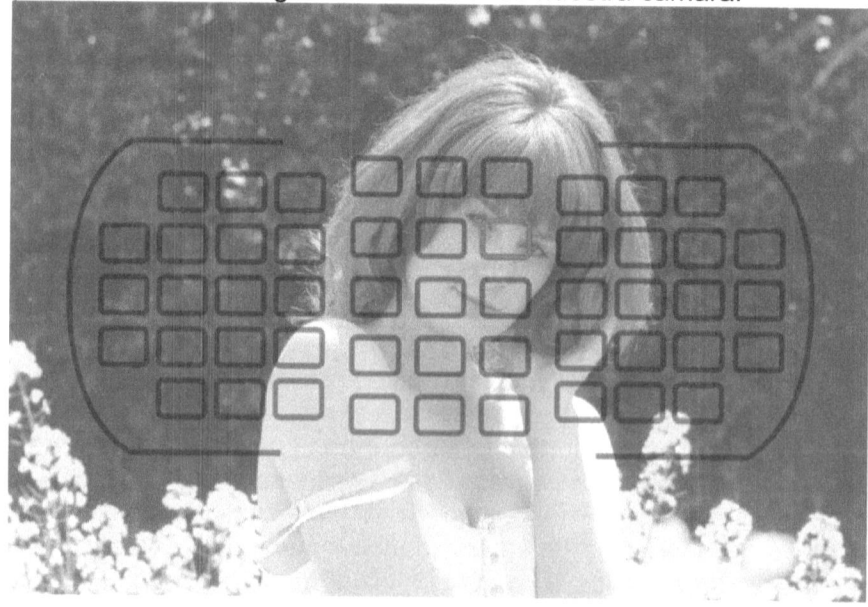

- **Bloqueo de Enfoque** (Focus Lock): Se usa cuando en lugar de usar el autoenfoque céntrico, queremos que se en enfoque en algo que está al lado de la escena, ej: Si queremos tomar la foto de una persona que está al lado derecho de la foto.

-Enfoque Manual (MA) : Es muy obvio, nosotros movemos en donde queremos que se enfoque en la escena.

-Enfoque Continuo (AF) : la cámara continuará tratando de enfocar en algo que esté en movimiento mientras tengamos el disparador medio presionado.

-Enfoque Rastreo (focus tracking):
 La cámara continuamente estará rastreando el sujeto, ej: Un niño en movimiento. La cámara tratará de rastrear la cara de el niño.
Consejos para un mejor Enfoque:
Entre más cercano estés al objeto, mas fácil sera enfocarse.
Para escenas de Paisajes o Montañas pon tu lente en Infinito ∞ o modo paisaje y todo estará en enfoque. Si uno trata de tomar una foto de un animal en el zoológico y hay unas reja o jaula (espero) en medio, enfoca Manual.

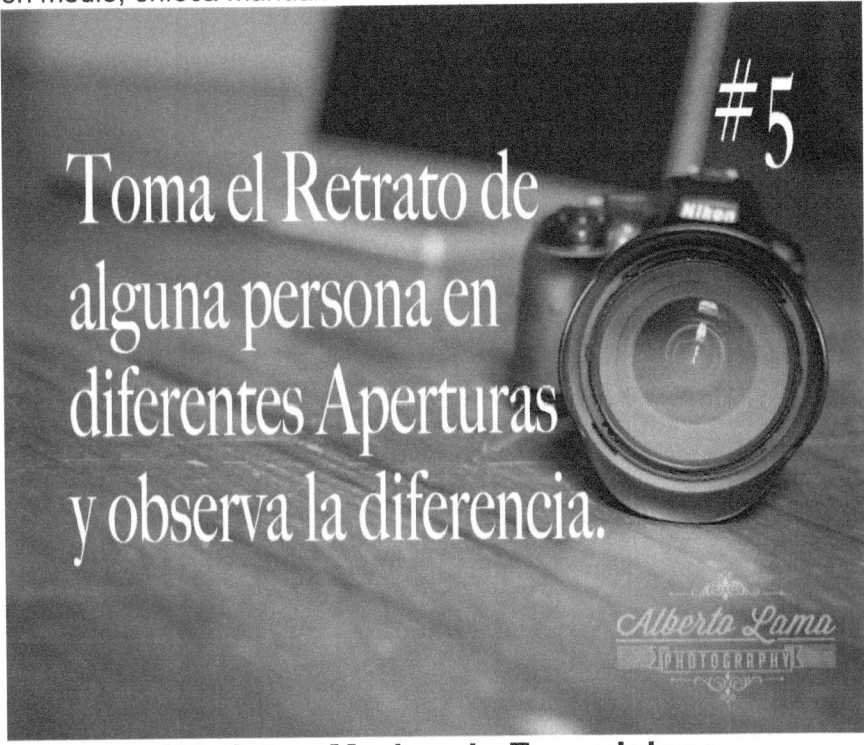

#5

Toma el Retrato de alguna persona en diferentes Aperturas y observa la diferencia.

Alberto Lama
PHOTOGRAPHY

Distintos Modos de Exposicion:

Ahora vamos a hablar de una Exposición correcta. En mi opinión la mejor forma de tener control sobre la foto es en Modo Manual y yo te aconsejaría que domines este modo y después tu decidas cual es el mejor para ti dependiendo el tipo de fotografía que hagas. Los distintos modos en tu cámara son:

-Modo Automático : La cámara decide que apertura y velocidad es necesaria para esa escena. Este modo es para principiantes que no necesitan nada más que un click para tomar una foto.

Modo de velocidad Alta- Shutter (S): La cámara escoge la Apertura necesaria para esa escena y tu seleccionas la velocidad. es bueno para foto de Deportes.

Modo de (P) Programado: La cámara ajusta la velocidad y la apertura óptima , parecido al modo automático
.

Modo Prioridad A (Apertura): Es uno de los más escogidos por Fotógrafos , En este modo la cámara escoge la velocidad y tu seleccionas la Apertura y profundidad de campo necesaria.

Modo Manual (M): Es en donde nosotros tenemos el control total de la cámara. Y el único que yo utilizo desde hace años.

Balance de Blancos: El balance de blancos (White Balance- WB) de tu cámara te ayudará a decidir la mejor opción de luz dependiendo el medio ambiente y los niveles de luz en que te encuentres. Por lo regular uso el modo automático en balance de blancos ya que la cámara hace muy buen trabajo en decidir cual es mejor, pero siempre puedes explorar y usar el mejor dependiendo el entorno.

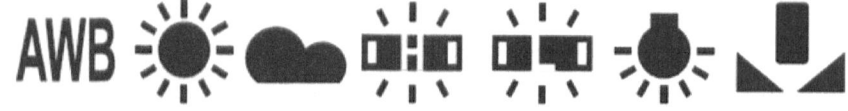

| AWB | Daylight | Cloudy | Fluore-scent H | Fluore-scent L | Tungsten | Custom |

Auto White Balance · Daylight · Cloudy · Fluore-scent H · Fluore-scent L · Tungsten · Custom

foto: *http://www.dzoom.org.es/el-balance-de-blancos/*

 Balance Automatico : La cámara decide por ti cual es el Balance correcto.

Daylight (Luz de dia): Se utiliza cuando estás   afuera a plena luz del dia.

Cloudy (nublado) : Obviamente c uando estás afuera y está nublado.

Fluorescente : Cuando estás en un ambiente con luces Neón o fluorescente de noche.

Tungsten (focos): Utiliza este modo cuando estés en ambientes de luz amarilla como la que usas dentro de una casa.

Custom: Tu puedes crear y guardar tus propios ajustes.

* Ejercicio: Toma fotos en los distintos tipos de Modos que tu cámara ofrece y ve los resultados.

Luz Natural

"La fotografía no es otra cosa que luz" Independiente del tipo de luz que estemos usando tenemos que tomar en cuenta primero que nada algunos puntos para entender la luz.

- Dirección de la luz: Se refiere a de donde viene la luz puede ser de un lado o múltiples lugares. En un dia nublado la luz está esparcida es es excelente para tomar Retratos de personas ya que no habrá sombras debajo de los ojos o nariz. Cuando la luz es más directa crea sombras y la piel se ve más áspera aumentando imperfecciones en la piel.

- Intensidad de la luz:

La inten s idad es que tan fuerte y brillante es la luz que usamos y a que distancia esta la fuente de luz. Si se toman retratos en un día soleado se puede utilizar difuminadores que se colocan por encima de la persona para suavizar la luz del sol. O simplemente coloca al sujeto en un lugar sombreado.

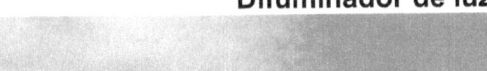

Difuminador de luz

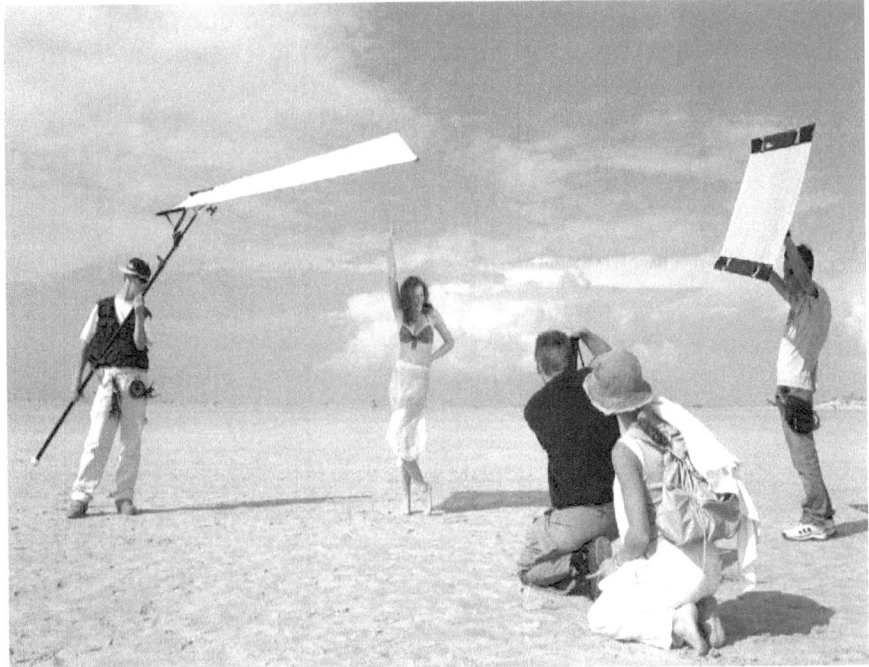

-Color de la luz:

La luz varía dependiendo de dónde lo que la produce y por lo que pase por en medio. La luz del sol también cambia dependiendo la hora del día y condiciones climáticas.

* Ejercicio: Escoge un día de la semana y toma retratos de alguna persona temprano en la mañana, al medio día y casi al atardecer (Golden light) nota la diferencia de tonos de color. Al mismo tiempo que tomas las foto posiciona al sol detrás , al lado y enfrente del sujeto para que vea como va cambiando las sombras de su su cuerpo en el suelo y en la cara del sujeto.

Luz Artificial

La luz artificial la usan sobre todo para fotógrafos que quieran empezar su estudio fotográfico en algún . Las fuentes de luz más conocidas son Lámparas normales de casa, Flash o Speedlight y Cañones de Luz (Strobe). Debido a que es artificial tenemos más control y libertad de mover la dirección de la luz en la forma que más nos plazca . La luz incandescente o Tungsten es la luz que tiene una temperatura y por lo tanto llega a ser amarillosa. La luz blanca es más aconsejable ya que los colores del sujeto permanecen tal cual. El flash de tu Cámara produce luz blanca. Cual es mejor? Al final dependiendo el trabajo y los gustos personales de cada quien. Al final del día es algo que podemos cambiar en Lightroom más tarde. Recuerda que las reglas fueron hechas para romperse.

Usando flsh al aire libre

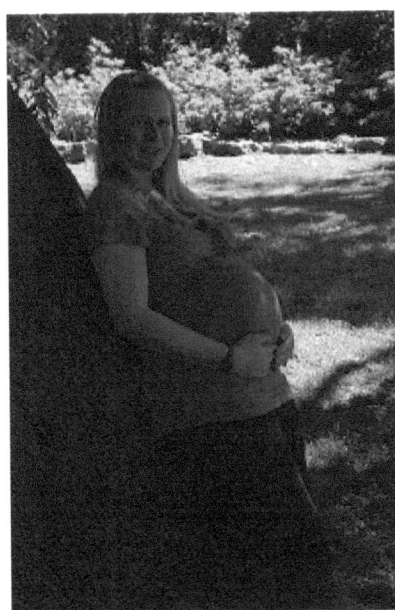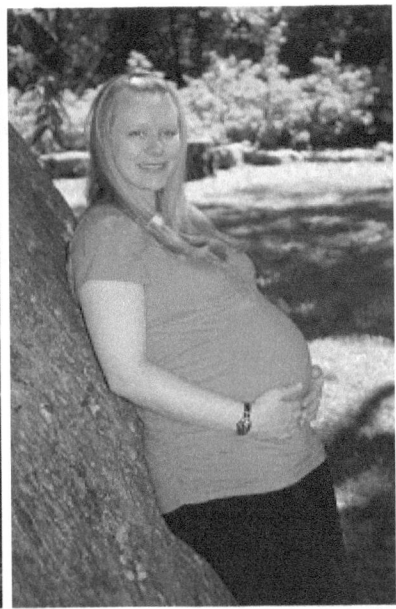

Es recomendable que si buscan hacer fotografía de forma profesional, que consigan flash externo ya que lo van a estar utilizando en varias ocasiones. El flash integrado a tu cámara es muy básico y te va a limitar.

La mayoría de las cámaras vienen con un flash incorporado, pero a veces necesitamos más luz y que llegue más lejos y mayor potencia. Casi todas las cámaras modernas tienen un medidor de Luz interno y son muy acertados. El medidor analiza cuánta luz necesita le escena y se comunica con el flash en modo TTL.

Aun así tenemos la opción de controlar la luz en el flash para una mayor creatividad. El Flash externo es un dispositivo que emite fuertes destellos de luz y muy recomendable tener.

Flash:

El flash electrónico se puede utilizar de varias formas. La mas común es utilizarlo en tu cámara (on camera flash), pero también se puede utilizar de forma inalámbrica (off camera flash). Tu cámara puede controlar más de un Flash a la vez por medio de un Pocket Wizard system. Casi todos los flashes utilizan Baterías desechables pero una buena opción es comprar baterías recargables o cargadores portátiles de energía. Ya que la vida de las baterías regulares en un flash es mínima.

Hay Flashes que son Wireless, significa que no necesitan

de ningún cable para leer la medición de la cámara.Si estas muy cerca del sujeto y el flash es muy brillante, puedes controlar la intensidad del flash en los ajustes de tu camara y flash pero otra solución si es que estas dentro de un cuarto es rebotar la luz contra el techo/pared o utilizar un difuminador de luz que va a cubrir el flash y lo hará más suave.

Sistema de Pocket Wizzard

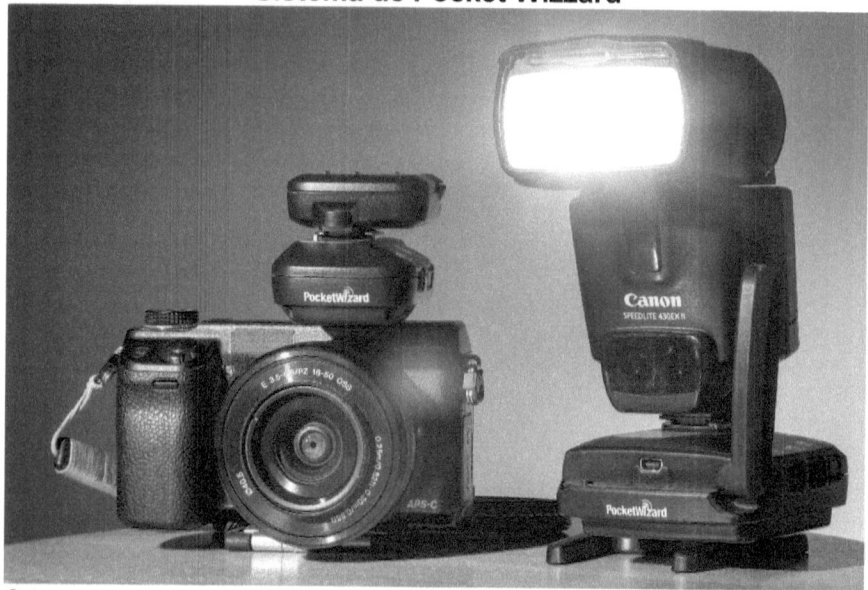

foto:
http://wiki.pocketwizard.com/index.php?title=Power_Control_for_No n-Compatible_Cameras

La Profundidad de Campo (Depth of field):

La profundidad de campo es la distancia por delante y por detrás del punto enfocado que aparece con nitidez en una foto. Es cuando solamente el sujeto está enfocado y lo demás se ve borroso. Esto ayuda a atraer la atención solamente a una parte de la fotografía.
Hay 3 elementos que varían la profundidad de campo:
-La distancia focal o Zoom
-La Apertura del Diafragma
-La distancia entre el sujeto y la Cámara
Fotos dos ejemplos Profundidad de campo reducida (blur) y sharp paisaje.

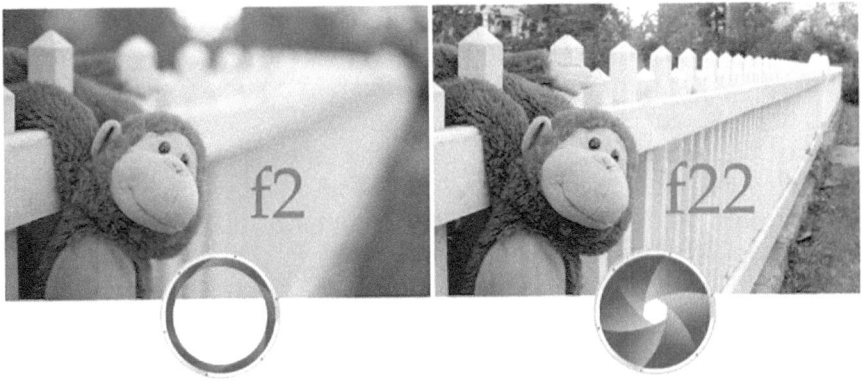

foto: http://ecvphoto.weebly.com
*Nota: Recuerda que todas las reglas fueron hechas para romperse :)
[OBJ]

Capítulo 4

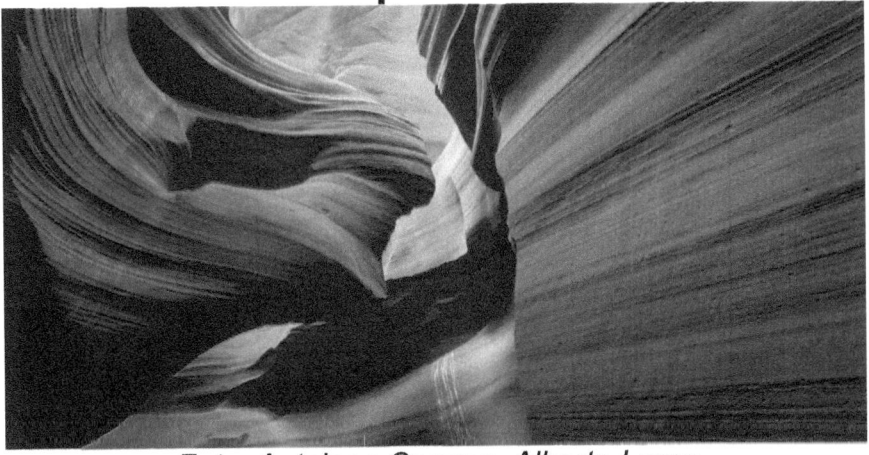

Foto: Antelope Canyon, Alberto Lama

[OBJ]

Cómo tomar una excelente foto

Los mejor forma de aprender a tomar una buena foto es la Práctica , eso no hay duda. Cada situación es distinta, hay que utilizar técnicas diferentes pero a grandes rasgos hay algunos pasos básicos. Existen algunos otros puntos que pueden ayudar a tomar una foto correctamente como por ejemplo:

1-La foto tiene que ser bien definida y clara (sharp), me refiero que no esté movida. Asegúrate despues de tomar la foto de hacer un acercamiento en la pantalla trasera de la cámara para asegurarte que la foto esta bien nítida. Si no estas seguro toma una segunda foto en con una velocidad más alta. Tal vez saldrá un poco más obscura pero en la edición de fotos puedes recuperar los oscuros y sombras. Siempre es mejor tener una foto un poco obscura pero con mayor velocidad y nítida a una sobreexpuesta con con los blancos disparados y movida. Ya que los tonos blancos no se pueden recuperar u obscurecer.

2-Asegurate de estar bien enfocado, algunas cámaras usan un sonido "beep"confirmando que está enfocado correctamente. Presiona suavemente el disparador de tu cámara . Cuando escuches un suave "beep" significa que la escena está bien enfocada.

3-Utiliza un Trípode! La marca y tipos de Trípodes varían mucho, pero te puedo decir que vale la pena hacer el gasto y comprar un Trípode bueno, ya que #1 Tomaras Fotos Nítidas #2 Protege Tu cámara de caídas #3 Tu espalda te lo agradecerá al pasar los años #4 Es muy importante cuando tomas fotos en lugares oscuros o cuando quieres tomar fotos de noche. No siempre es cómodo utilizar un Trípode. Sobre todo en eventos sociales cuando tienes que moverte de un lado a otro continuamente.

4-Si no tienes un Trípode utiliza una Velocidad lo suficientemente Rápida para que salga lo menos movida. Si no tienes Trípode a la mano asegúrate de usar ambos codos contra tu cuerpo cuando sostengas la cámara para evitar movimiento. Recárgate en una Pared.

Trípode :

Asegurate de que el Trípode que compres:
- Sea rígido
- Que tenga una rotación de 360 grados
- Los hechos de Aluminio ya que pesan menos,
- Que las patas tengan la opción de punta y goma para que se adhieran mejor al suelo o superficie.
- Que tengan una cabeza de Liberación rápida (quick release).

5- Asegúrate que haya suficiente luz. Usa Flash si es necesario. Si tienes problemas de visión , considera usar un Diopter que te ayudará a amplificar la imagen en la visor.

Usa un Balance de Blancos correcto. Explicado en el capítulo anterior.

Como sostener la Camara

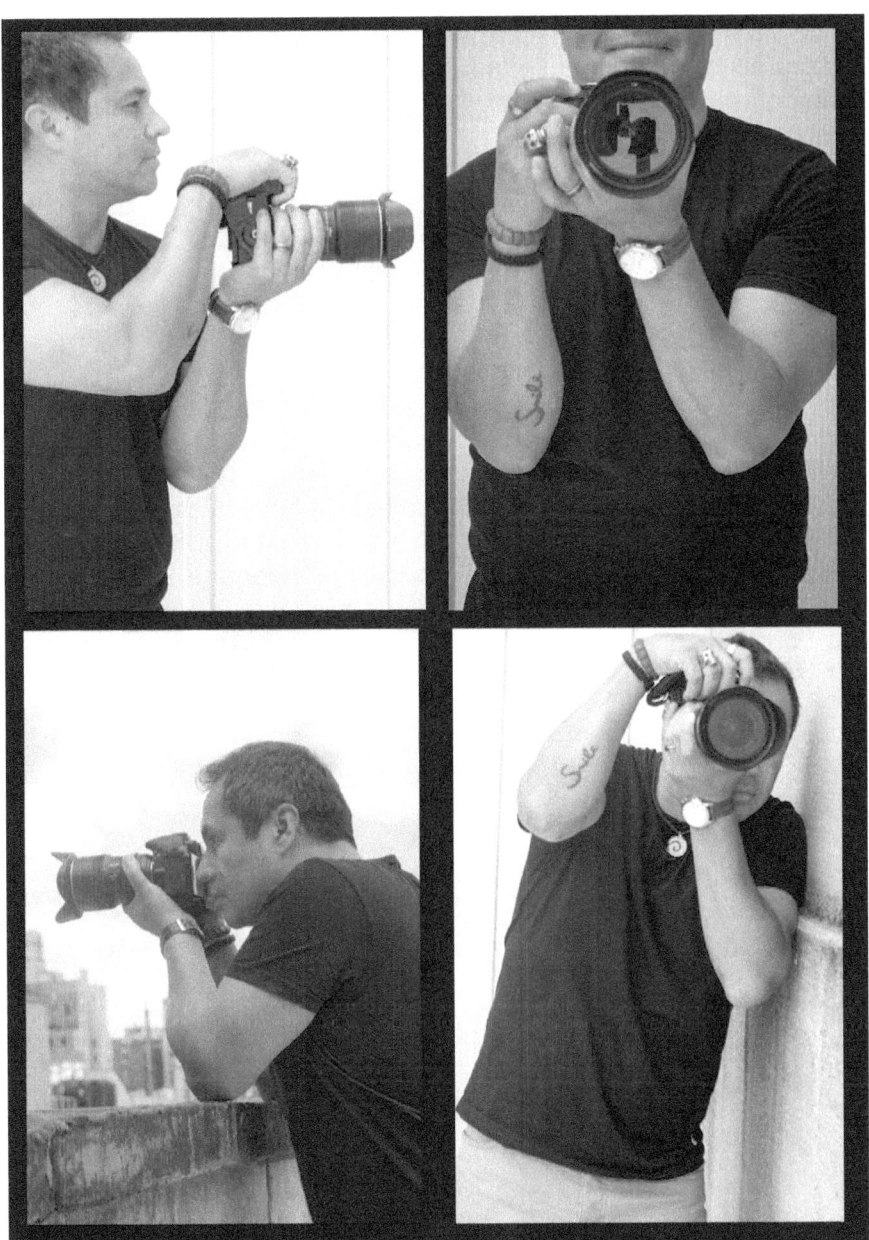

Foto: Alberto Lama

Dependiendo el tipo de fotografía que estés tomando asegúrate de
que sea la hora correcta. Mucha gente creyera que un día soleado
y con cielo azul es lo mejor para retratos de gente. No siempre
es así. Se podrá ver muy lindo el fondo pero el
sujeto estará cerrando sus ojos ya que el fuerte Sol está enfrente

de su cara. Pero no te preocupes, siempre están los trucos del fotógrafo y eso será lo que te haga diferente de los demás.

Cuando estas tomando retratos de gente asegúrate que sea temprano en la mañana o un poco antes de el atardecer (Golden hour) ya que es cuando la luz del Sol es más suave y no está por encima de la cabeza del sujeto creado sombras debajo de sus ojos y nariz. A esas horas del día el Sol produce luz suave y placentera para la piel. Por otro lado si no puedes en esas horas trata de situar tu sujeto en la sombra y usar un reflector. Si no hay sombra hay varias cosas que se pueden hacer.

Toma tus retratos en días nublados.

-Posiciona el sol en la parte de atrás de tu sujeto para que el sol no le pegue de frente y esté " Sobreexpuesto ". Cuando el Sol está detrás notaras que entonces el sujeto se verá oscuro "Sub-expuesto" ya que está entrando demasiada luz a la cámara, aquí puedes utilizar un Reflector e iluminar la cara de el sujeto.

-Asegúrate que tu lente tenga el Hood o Cubridor que ayuda a que no entre luz excesiva, se produzcan efectos de rayos de Sol y a la vez protege el vidrio de tu lente.

-Utilizar flash para compensar la luz del sol.

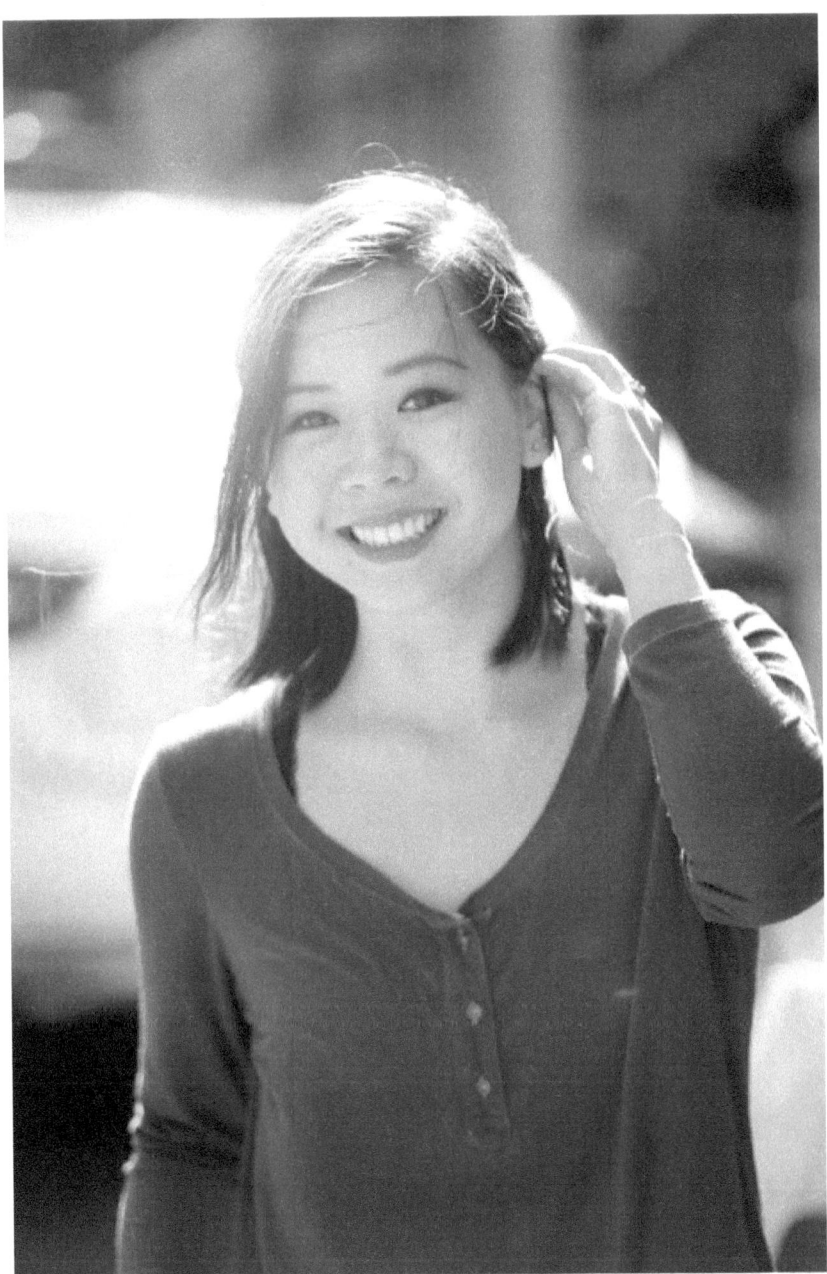

Foto: Alberto Lama

El cuidado de tu Cámara

1-Guarda tu equipo en lugares secos y no muy calientes, como en la guantera de tu coche.

2-Trata de siempre poner la tapa en el lente cuando no lo uses.

3-No uses tu cámara en condiciones de mucho Polvo, agua o viento para evitar arena o tierra en el lente o sensor.

4-No trates de reparar tu mismo tu cámara en caso de estar descompuesta. Las partes internas son muy sensibles y puedes hacer un daño peor.

5-Trata de no agarrar el lente por el vidrio ya que el aceite natural de nuestros dedos puede rayarlo. Utiliza un Paño seco.

6-Existen equipos de limpieza de lentes, no son muy costosos y vale la pena utilizar el equipo necesario.

7- Mantén la bolsa de tu cámara limpia también ya que puede guardar residuos de polvo y tierra.

8-Cuando cambies el lente de tu cámara , posiciona
la cámara apuntando hacia abajo para que no entre polvo por los lados. Mira el vídeo que hice hablando de este tema en
mi Youtube: https://youtu.be/c9_XV6_urRk

9-Cuelga siempre tu cámara de tu cuello o utiliza un tipo de correa para que en caso de que se resbale de tus manos no caiga al suelo y siempre esté protegida .

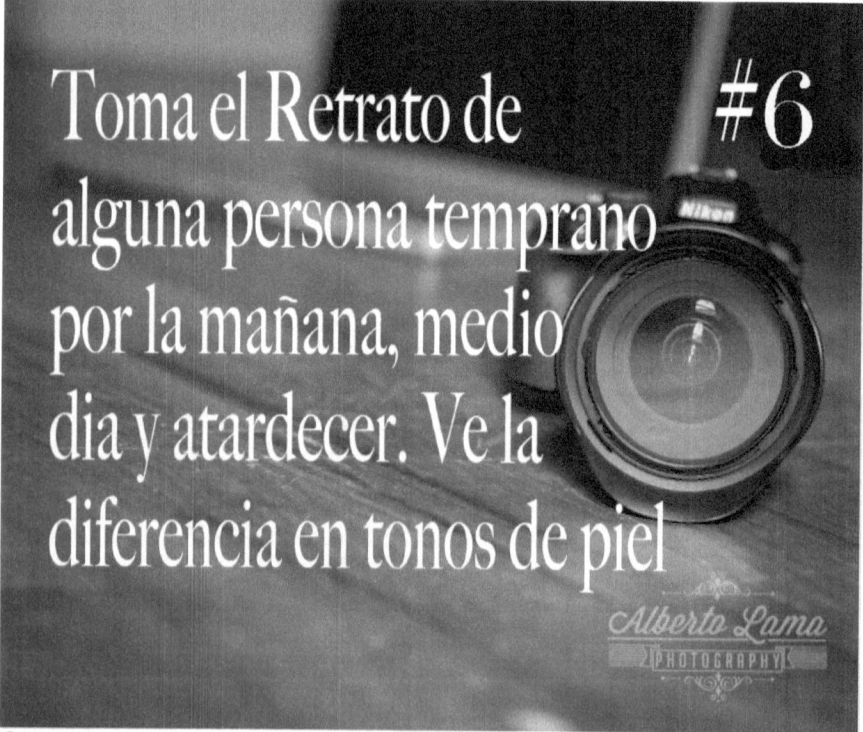

Consejos extras:

Asegúrate de que la cámara terminó de escribir la información después de que tomaste la foto. Por lo regular la cámara tiene una luz que te dice cuando está grabando la información. Apaga la cámara antes de remover la Tarjeta de memoria. Cuando termines con tu tarjeta no borres las fotos directamente en la Cámara una por una. Mejor Formatea la tarjeta en tu computadora o Cámara para borrar completamente la información y empezar de ceros.

Es muy buena costumbre grabar sus fotos en más de un Disco Duro ya que suele pasar que las memorias se corrompen y puedes perder tus fotos. Tu cliente no le gustara nada. Mantén tus tarjetas lejos de líquidos, Imanes y corrientes eléctricas ya que se pueden magnetizar.

Preserva la memoria de tu computadora o PC ya que con el paso del tiempo irás aumentando mas y mas fotos e Información. Edita tus fotos en la computadora pero cuando termines, guarda tus fotos en un Memoria Externa, así alargaras la vida y rapidez de tu computadora.

JPG o RAW?

Existen también varios tipos de formato para las imágenes o fotos como TIFF, JPG (jpeg=Joint Photographic Experts Group), RAW, etc.. Estos formatos los puedes ajustar en el Menú de tu cámara. Cual es mejor En realidad jpg's es digamos el formato universal para la gente que no está muy adentrada en fotografía y que requiere de cambios o ediciones mínimas en los archivos (fotos) ya que es un formato comprimido. Este es el formato que utilizas para subir fotos al Facebook o internet.

RAW, con siglas en Inglés significa Crudo o Bruto y es un archivo mas pesado y con la información total. La gran ventaja es que cuando disparas en RAW tienes más opciones de jugar con los blancos, colores y sombras en tu foto. Al mismo tiempo necesitarás un programa para convertirlo después a JPG y entregarlo a tu cliente, imprimir o subir a la red. Les recomiendo ampliamente que se acostumbren a usar este formato.

La forma en que yo trabajo es la siguiente: Si voy a tomar fotos personales o cosas sin mucha importancia, utilizó JPG de mediano tamaño. Si es una sesión para un cliente o paisajes en donde necesito la mayor calidad posible de foto, entonces utilizo RAW. Puedes encontrar mas información aquí:

https://es.wikipedia.org/wiki/Joint_Photographic_Experts_Group

*Ejercicio escoge entre 5 a 10 fotos que te gusten de una revista y trata de recrear la fotos, exactamente las mismas. Pregúntale a amigos o familiares que te ayuden si es necesario.

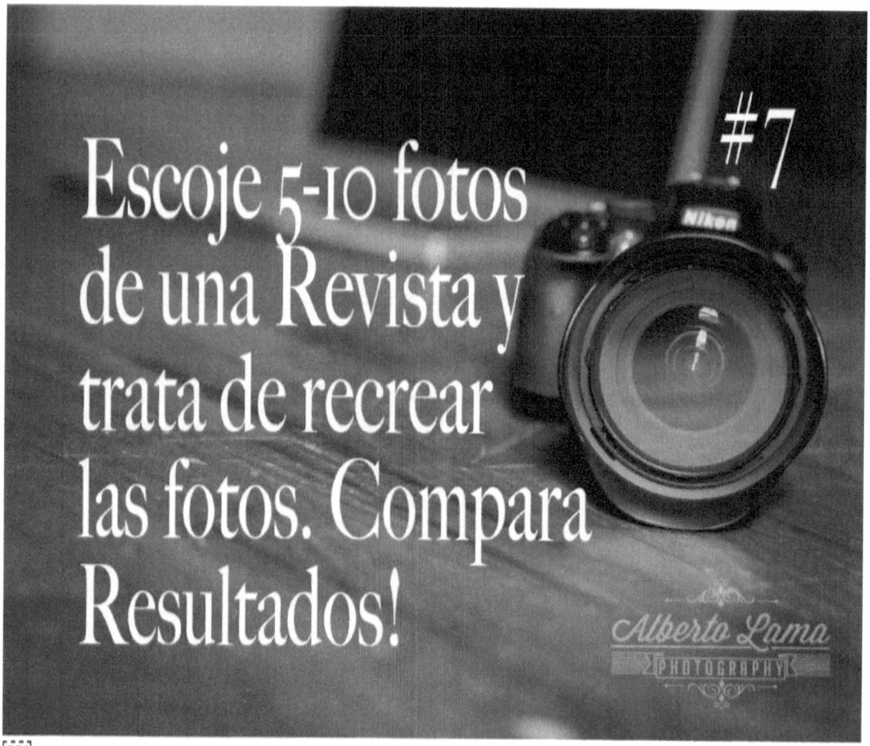

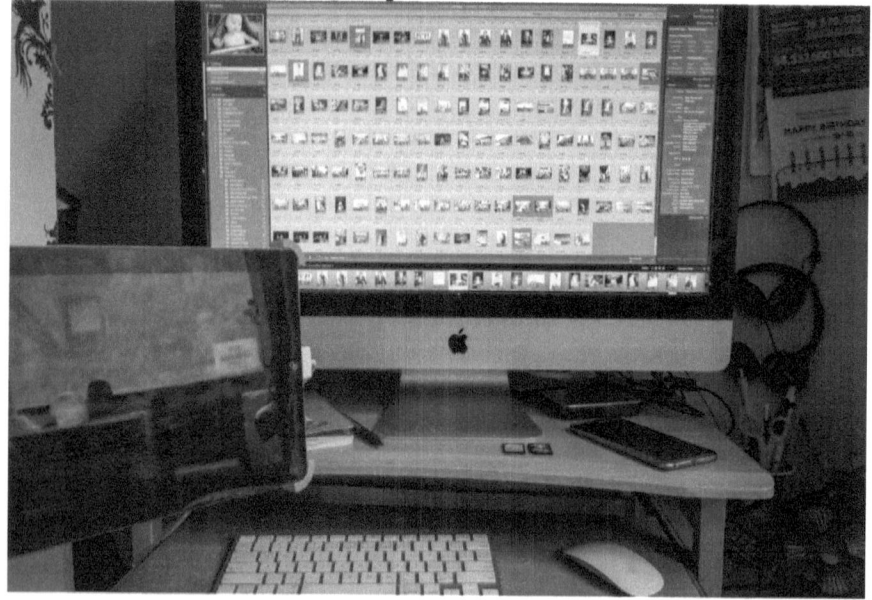

Escoje 5-10 fotos de una Revista y trata de recrear las fotos. Compara Resultados!

Alberto Lama
PHOTOGRAPHY

#7

Capítulo 5

Editando tus imagenes

Una vez que ya tengas tus imágenes es importante pensar en colores e Impresiones. Hay que resaltar que no todas las personas ven los colores de la misma forma. Cada monitor de computadora es diferente y expresa los colores de una forma diferente. La colores que vemos en nuestra computadora tal vez no sean los mismos que cuando imprimimos las fotos. No es necesario preocuparse ya que es mínima la diferencia pero es una buena idea pensar en comprar un calibrador de monitor en un futuro. Recuerden que la idea es dejar de ser un fotógrafo amateur y empezar a pensar en la calidad y servicio profesional que le vamos a dar a nuestro cliente. Para mas información vean este enlace: http://spyder.datacolor.com/products/

Nota: Hay muchos productos en el mercado diferentes a los que yo menciono aquí. Yo no recibo nada a cambio por mencionar estas marcas. Mi opinión y gusto personal es basado en años de tratar diferentes marcas y ver que fotógrafos internacionales usan los mismos o muy similares. Ustedes tienen que adaptarse a su presupuesto y lo que tengan al alcance, recuerden que al final no es lo que tengan sino como lo usen.

Software y Programas para Editar Fotos:

Mi programa favorito es sin duda Lightroom, este programa es básicamente lo mejor de Photoshop pero simplificado y especializado para fotógrafos. Con este programa puedes modificar muchas cosas en tu foto tales como curvas, colores, sombras, filtros (pre-sets) metadata, cambiar de raw a jpg's etc.. Es muy sencillo de usar y ya no tienes que comprar el programa, lo puedes rentar. Para mas información: https://lightroom.adobe.com

Photoshop:

Es un Programa increíble que permite hacer más cambios que Lightroom. Este tipo de programa es muy bueno no solo para fotógrafos sino también para Diseñadores gráficos, etc. Por su ilimitada capacidad es más complicado de utilizar y lo recomiendo solo si ya tienes unos fuertes cimientos en fotografía. Ya que los dos son de la compañía Adobe puedes rentar los dos mensualmente por $9.99 al mes! Mas información aquí http://www.adobe.com/ b

Otro programa muy bueno que recomiendo para ediciones en Retratos de gente Portrait Professional. Muy bueno para suavizar

tonos de piel, arrugas, aclarar los ojos, blanquear sonrisas, etc
http://www.portraitprofessional.com/

Estos arriba son mis favoritos y los que el 90% de los fotógrafos profesionales usan diariamente pero aquí te dejo un par mas de opciones. Investiga otros programas como: PhaseOne, Corel Paintshop, Dxo Optics, Google Nikon Collection, Adobe Elements, etc..

Metadata y Palabras clave

Cada vez que tomamos una foto digital la cámara hace información en la fotografía como por ejemplo fecha, hora, la cámara y lente que usamos y ajustes. Algunas cámaras recientes cuentan con incluso dispositivo de GPS! Esto es importantísimo y de gran utilidad si consideramos que de aquí en adelante vamos a empezar a tomar cientos o miles de fotos que vamos a guardar en nuestra computadora y es una gran herramienta para poder localizar las fotos entre cientos de archivos. También con esto nuestras fotos aparecerán en zonas específicas , esto significa que nos podremos enfocar a clientes en determinados lugares cercanos a donde nosotros estemos. Esto no era posible antes con las fotos en película! El Metadata y palabras Clave (keywords) contienen también el nombre que le demos a la foto y palabras clave que nos va a ayudar a que la foto sea fácil de encontrar en Internet, es aquí en donde empezamos a hacer dinero ya que sin importar dónde estés, tus fotos (si le pones palabras clave y descripción) pueden ser encontradas en cualquier parte del mundo. Es así como ahora es más fácil competir con otros fotógrafos de otros países! Un ejemplo seria esta foto que tomé cuando trabajaba para una Agencia. Christina Aguilera en un evento para conmemorar a Frank Sinatra en Nueva York. Alguien ubicado en alguna otra parte del planeta puede comprar la foto para alguna revista de farándula. Es increíble!

Nombre de Archivo: Chraistina _ Aguilera _ en _ Sinatra_voice_for_a_century

Fecha: 12/3/15 10:16pm

Creador: Alberto Lama

Descripción: Christina Aguilera asiste a "Sinatra Voice for a Century"en David Geffen Hall, Lincoln Center. Nueva York.

Palabras clave: 2015, celebridades, lincoln center, sinatra for a century, christina aguilera, new york, Camara: Nikon D600- modo Manual- Lente Focal 30mm f/4.0 ISO 300

De esa forma si una Revista en algún país busca por fotos de Christina Aguilera para ese evento en particular, encontrara la foto y podrá descargarla una vez que sea comprada.

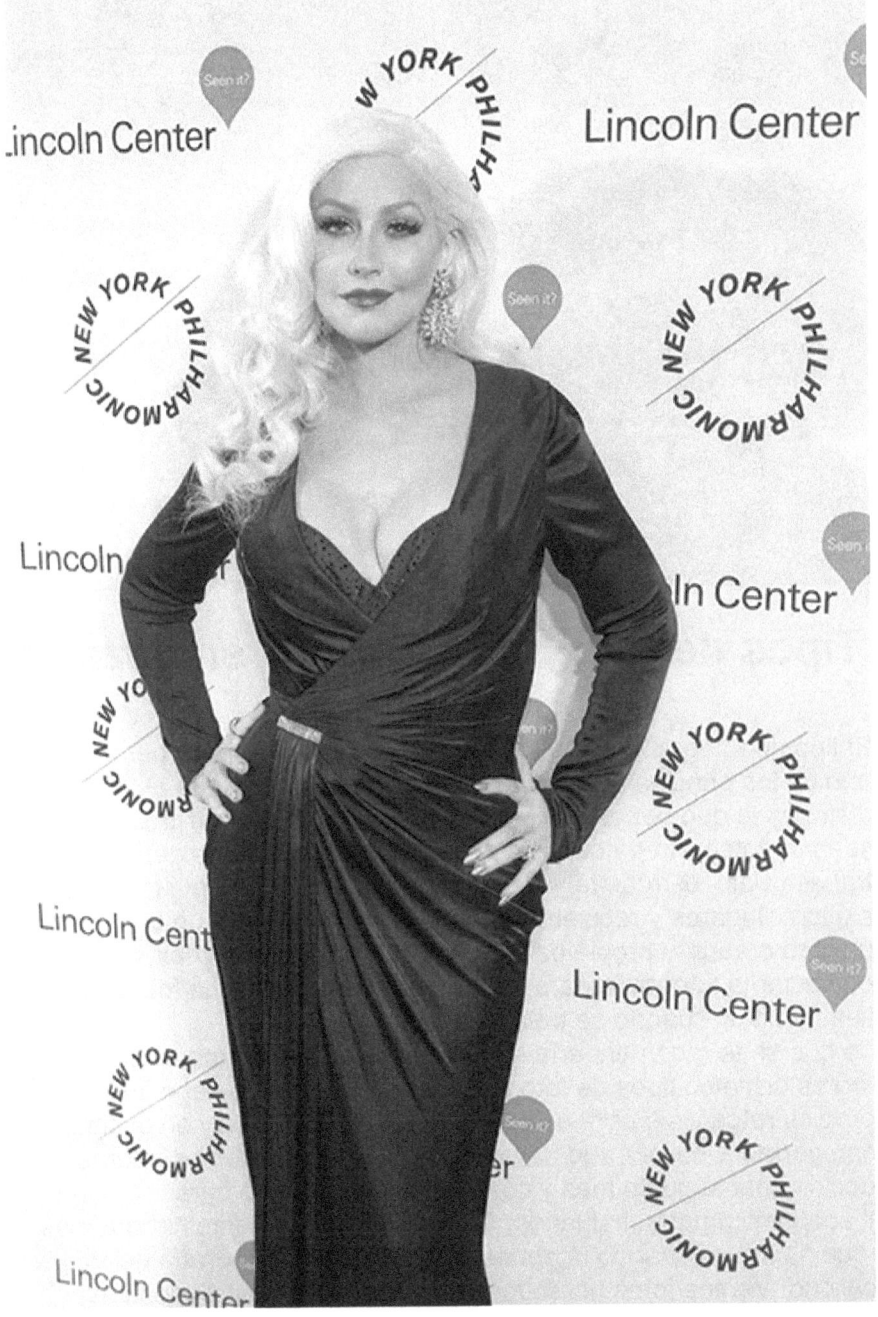

Capítulo 6

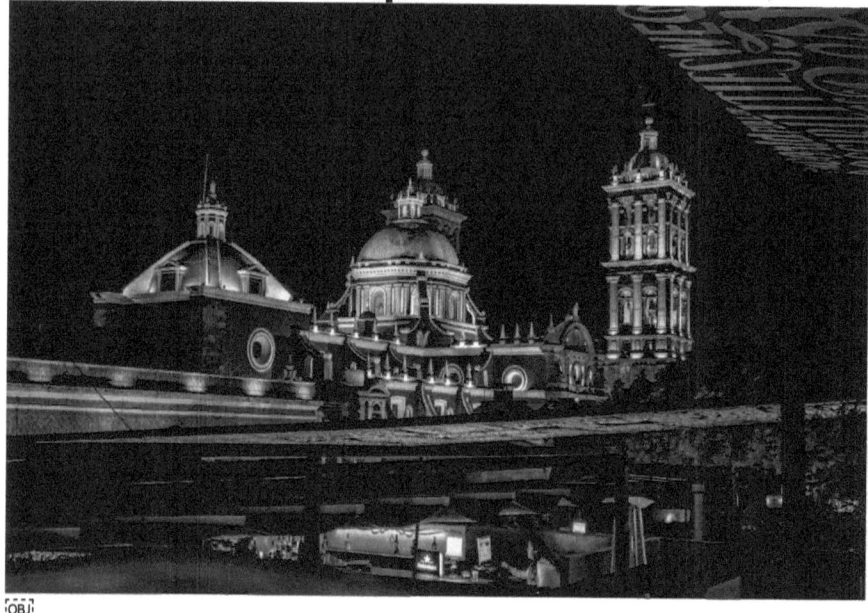

[OBJ]

Tipos de fotografía y cómo empezar a hacer dinero.

El tipo de fotografía que tu quieras hacer es tu decisión personal, uno de los principales secretos de el éxito en fotografía es que disfrutes lo que haces y lo hagas con pasión. No tiene caso que seas un fotógrafo de bodas si odias, estar rodeado de gente y trabajar bajo estrés , tal vez seas un solitario que le gusta viajar, explorar lugares y recolectar suficiente material para un día lanzar un libro o abrir tu propia galería. Tal vez te guste escribir y combinar la fotografía para ser un periodista. En fin, la fotografía no tiene límites cuando se trata de creatividad.

Lo que sí te recomendaría es que antes de tomar una decisión trates distintos tipos de fotografía ya que cada uno tiene sus propios retos y siempre es bueno tener un Portafolio con distintas categorías. Una vez que hayas tratado cosas diferentes podrás decidir cual te gusto mas y cual tiene más sentido para ti económicamente hablando. Como lo mencione antes ahora más que nunca es cuando la gente aprecia más la fotografía de calidad. Vemos fotos por todos lados, ya no solo en periódicos,

50

revistas o en la calle, sino en las redes
sociales, Instagram, facebook, Websites y cualquier otras redes
sociales. Somos bombardeados con cientos de fotografías
cada día de nuestra vida. La fotografía está más fuerte que nunca
y llegó para quedarse. Pero al mismo tiempo la gente demanda
mejor calidad. En estos tiempos en que todos se creen fotógrafos
solo por tener una cámara en su celular es cuando tenemos que
recordar que todos (hay excepciones..) hasta nuestra abuela
 puede tomar una foto, pero no todos pueden tomar una Increíble
Foto. Una foto que quieras colgar en la sala de tu oficina y casa y
de la cual estés orgulloso. Tu mi buen lector(a), lo vas poder hacer
pronto!
El vídeo está tomando mucha fuerza también pero en estos
tiempos la gente ve una vez el vídeo de 2 horas de su boda y no lo
vuelven a ver en tres o cinco años. El álbum de fotos lo vez cuantas
veces quieras y no solo eso, imprimes fotos para tu sala y
compartes las fotos por internet!
 Así mismo es muy importante que desarrolles tu propio estilo de
fotografía, tu estilo es lo que te va hacer diferente a los demás, tal
vez te gusta solo blanco y negro, o utilices filtros para hacer ver tus
fotos "Vintage", tal vez te gustan tonos más suaves, tal vez   sólo
 tomes fotos de puentes colgantes y quieras viajar el mundo
tomando fotos de los puentes más hermosos y elaborados del
mundo y un día hagas un calendario o vendas arte en internet. Tu
creatividad no tiene límites !
La fotografía te va a cambiar la vida! Tu cámara te va a hacer poner
más atención a lo que te rodea y estar más alerta a cosas que
puedan pasar inesperadamente. La fotografía te ve a ser más
 sensible a colores, lugares, culturas y personas, ya que no solo vas
a querer tomar un retrato del cuerpo, sino del alma también. Del
niño jugando y del viejo pensando. Te va estimular a tomar a ir a
esos lugares que has estado tantas veces, pero verlos de una
nueva forma y con una visión diferente. Cuando viajo con mi
esposa o amigos les desespera que me pierdo observando el
paisaje y busco el ángulo ideal, tomo mi tiempo y repito la
foto. Así que si te gusta la fotografía de Paisajes no te cases!! Es
broma! Solamente avísale a tu pareja que te de tiempo de tomar la
foto y que se acostumbre :-) Lo importante es que no le tengas
miedo a la crítica o el qué dirán. La fotografía es como cualquier
arte y el arte es individual.
Es por eso que explicaremos brevemente varios estilos de
fotografía y algunas opciones de hacer dinero con tus fotos.

Primero describiré el tipo de fotografía y como se puede hacer dinero con esas fotos.

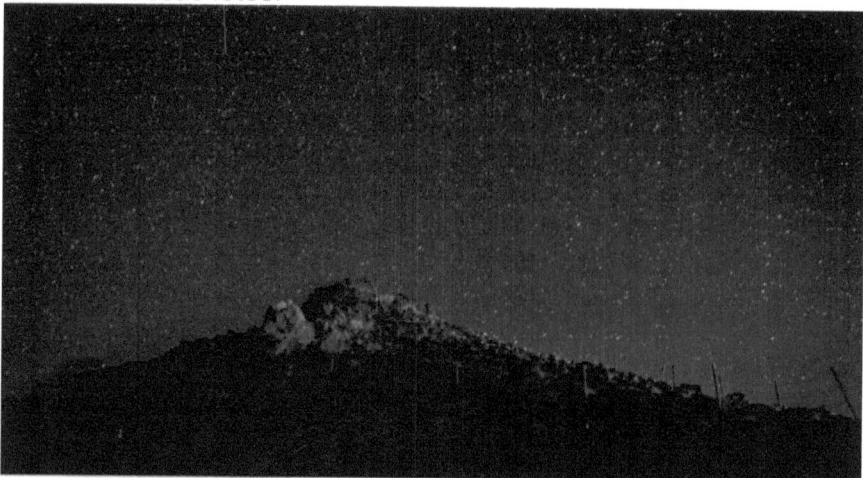

Foto: Alberto Lama
Astro-fotografia
Este tipo de fotografía es increíble, ya que se necesita ser un apasionado de la noche y el universo, las estrellas y planetas. Pero también tiene sus retos. Con un poco de paciencia y un poco de buen clima puedes tomar fotos que todos tus amigos envidiarán .
Pasos: Para tomar una foto de calidad de la luna, eclipses o estrellas, lo primero que necesitas es:
- Una Cámara DSLR o una que tenga modo manual
-Un tripóide
-Un lente gran angular es mejor
-Lightroom o Photoshop. bajen los tonos negros y suban los blancos.
-Una locación remota lejos de la ciudad ya que las luces de ciudad interfieren con la obscuridad completa del cielo.
-Una noche sin nubes y cielo estrellado.
Una vez que la cámara   esté en el Tripóide enfoquen su lente en Infinito ∞ una vez que esté enfocado pongan el lente en Manual (M). La cámara tiene que estar en un ISO muy alto, alrededor de 3000 0 más . f/2.8 y pongan la velocidad a 20 segundos. Si quieren seguir el movimiento de las estrellas y crear un efecto rayado en la foto pongan una velocidad mínima de 30 o más minutos.
Recuerden de tener la batería cargada al máximo por que va a estar en uso por un buen rato. Advertencia: traigan un libro vaquero o revista para que no se aburran en lo que la cámara toma la foto.

$Como hacer dinero con estas fotos: Pueden meter sus fotos a concursos. mandarlas a revistas o National Geographic. Imprime tus fotos y llévalas a tiendas locales para dejarlas a concesión. Imprime Canvas o Impresiones grandes y ve tú restaurantes locales, bares o tiendas departamentales y ofrece decorar el lugar con tus fotos, tus fotos tendrán mucha exposición   y el dueño del local no tiene que gastar en cómo decorar esas paredes tan vacías. Asegurate de poner un pequeño anuncio por debajo de la foto con el precio, tu nombre y contacto. Puedes vender varias fotos asi!

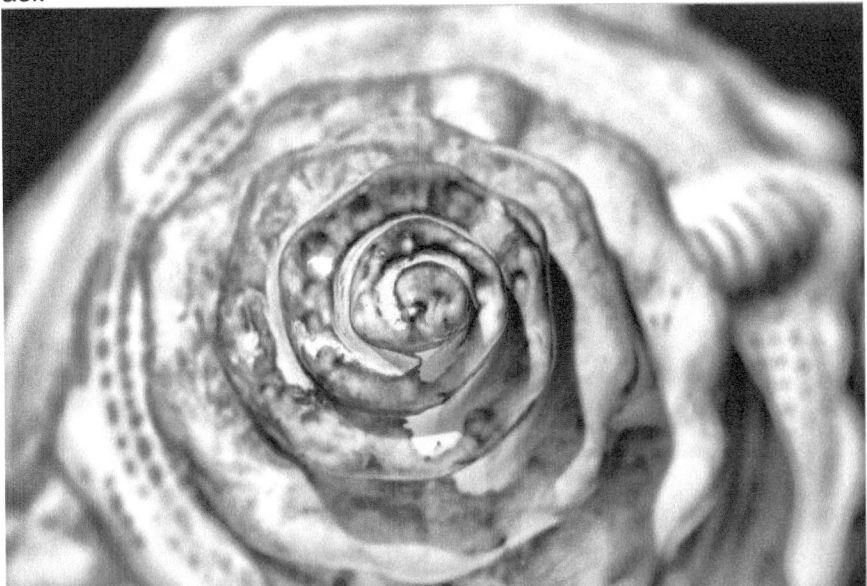

foto:Alberto Lama

Macrofotografia

Al contrario de Astro- fotografía , Macrofotografía es la fotografía que tomara fotos de cosas muy pequeñas tales como insectos, flores, Joyeria fina, etc. Es muy divertido ya que lo puedes hacer desde tu casa, sin distracciones , escuchando música y en Pijama. Tu puedes controlar el medio plano para que no haya distracciones. Lo que necesitas:
- Camera DSLR o Mirrorless
-Un lente que tenga opción de Macro o incluso Micro
-Disparar en Raw
-Tripóide
-Luz externa, lampara, flash o Strobe
-Un fondo de color plano o Caja de luz.

Ustedes pueden armar la suya siguiendo este enlace:
http://www.wikihow.com/Create-an-Inexpensive-Photography-Lightbox

$ Cómo hacer dinero con estas fotos: Puedes ofrecer tus servicios a cualquier tienda local de joyerías, relojerías, tiendas en Ebay, etc.. Al mismo tiempo de que te pueden recomendar con clientes.

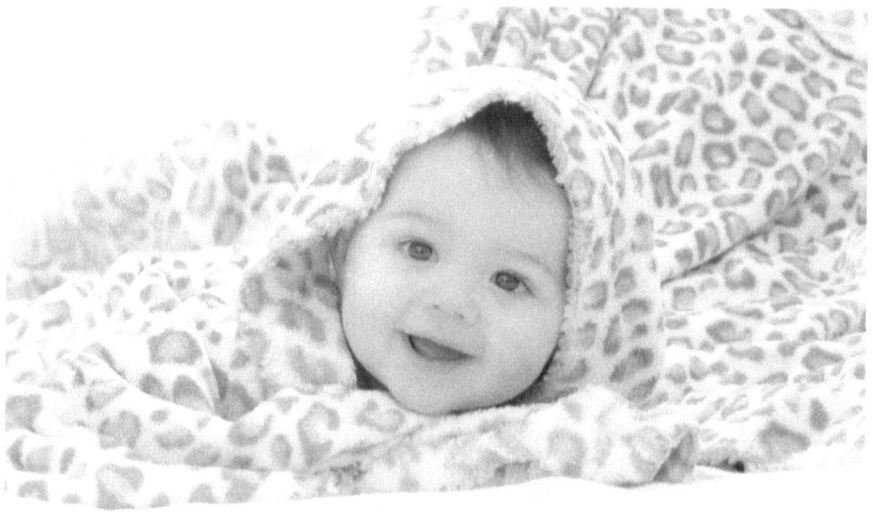

Foto: Alberto Lama

Fotografia de Bebes y Niños

Si eres Mamá o Papá este es el tipo de fotografía que más te va a fascinar ya que tienes el modelo principal. Y si no lo eres, este negocio te va a dejar muchas ganancias de todos modos.

No importa si tienen poco dinero o no, los padres siempre quieren tener fotos profesionales de sus hijos, ellos saben que no tienen mucho tiempo antes de que sus bebés sean unos adolescentes. Son capaces de hasta pedir prestado si encuentran el fotógrafo indicado. Ese fotógrafo eres tu! Por otro lado, tienes que ser muy paciente con tu sujeto y sentirte cómodo trabajando en medio de lloriqueos incesantes, padres nerviosos y gritos. Aparte de que no se quedan quietos y se mueven mucho! Este tipo de fotografía no es para toda la gente. Si tu ya tienes un hijo esto te ayudará por tu experiencia. Por favor,ten mucho cuidado con el bebé sobre la posición en que lo dejas al tomar sus fotos.

Lo que necesitarás:

-Una Cámara

-Luz natural es mejor
- Juguetes para distraer al bebé
-Un fondo blanco o de color liso y que no distraiga.
-Un bebé modelo.

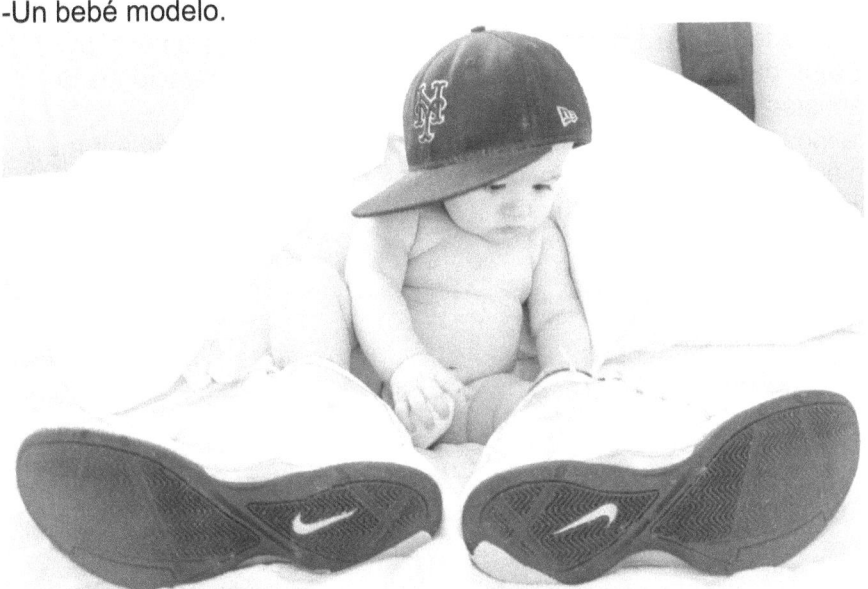

En este tipo de fotografía, los padres se tienen que envolver y ayudar a distraer al bebé con juguetes y posicionados detrás de ti, para que el bebé esté mirando con dirección a la cámara.
No tomes la foto desde arriba, trata de estar al mismo nivel del suelo que el bebé, utiliza sábanas blancas y
una temperatura agradable en caso de que el bebé esté en pañales nada mas. Puedes utilizar lentes, cachorros, y demás accesorios. Si tu cámara cuenta con modo de "niños" este sería un buen momento de utilizarlo o utiliza velocidad rápida, ya que el sujeto se va a estar moviendo continuamente. Enfoca tú cámara en los ojos del bebé. trata de tomar muchas fotos de expresiones de asombro y sonrisas. No uses flash directos o luces muy fuertes ya que pueden irritar al bebé.
Este tipo de fotografía, incluye también fotos de maternidad que significa fotos artísticas de la madre cuando esta embarazada.
Fotos de Cake Smash (en el primer cumpleaños del bebé, el niño juega con el pastel y hace un desastre pero es muy divertido) y este tipo de fotografía se está volviendo más y más popular. Este es uno de los mejores consejos que vas a encontrar en este
libro. "Si alguien en tu familia o algún vecino tiene un bebe ofrece una sesion "gratis", para que puedas practicar y tener material para

empezar tu portafolio. En realidad no es gratis ya que ellos te ofrecerán el sujeto y ellos tendrán memorias familiares y tu material para tu pagina y Portafolio. Todos ganan."

Recuerda de ofrecer a tus clientes que vengan cada año en la misma fecha para ir grabando todos los cumpleaños de el hijo(a). Como puedes ver la fotografía te hará crear largas relaciones de amistad con los padres.

$ Como hacer dinero con estas fotos: Es obvio que te va a ir muy bien ofreciendo estos servicios a gente con bebés . Puedes ofrecer impresiones, álbumes, tarjetas, etc.. Es muy cotizado.

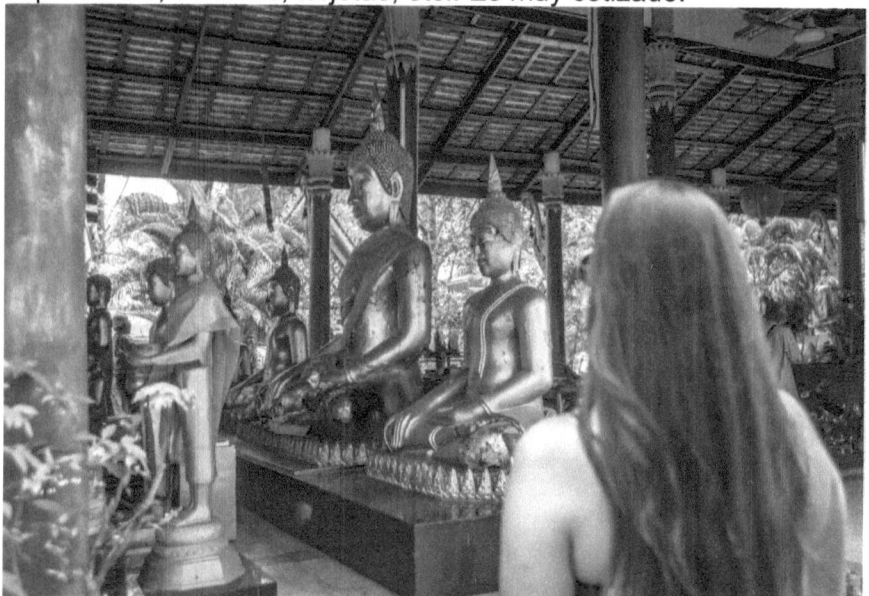

Foto: Tailandia por Alberto Lama

Fotografía de Viajes

Este es uno de los tipos de fotografía que en lo personal es uno de mis favoritos, y estoy seguro que a muchos de ustedes también les agradará muchísimo.¿A quien no le gusta viajar? Ir a lugares nuevos, conocer nuevas culturas, cocina y hacer nuevos amigos. Suena bien verdad?

Fotografía de viajes, puede ser un poco costoso, pero no es necesario ir a los lugares más recónditos del planeta. Empieza cuando vayas de vacaciones o cuando vayas a visitar a tu abuelita. Pretende ser uno de esos exploradores de National Geographic! Explora y haz como la gente del lugar y ve cómo se viste como luce, lo que come, los principales edificios del lugar, los lugares de mayor interés, monumentos, muestra dónde estás y toma fotos de anuncios de la ciudad, saca ese lado artístico de reportero que todos tenemos. Interactúa con la gente, se respetuoso pero no tengas miedo de entablar una charla rápida y preguntar si puedes tomarles una foto.

Consejos: Ten cuidado de no enseñar más de lo debido tu equipo y cámara, hay mucha gente que le gustaría echar el guante a tu equipo. Se discreto. Si estás en un lugar turístico siempre va a haber gente, así que trata de esconder tu cámara de la gente. Y cuando tomes una fotografía por medio de objetos, posiciónate de modo que la gente se vea lo mínimo posible. Toma fotos de monumentos y lugares Históricos, una problemática es que vas a lidiar con muchos turistas. Una cosa que puedes hacer, es levantarte temprano e ir a ese lugar turístico temprano en la mañana y ser uno de los primeros en llegar, para que el lugar este vacío, aparte tendrás una foto de el amanecer. Ve en busca de atardeceres y amaneceres.

Enfócate en mostrar tres cosas principales:

1- Donde estas
2- Cultura
3- Comida
4- Fotos amplias horizontales que abarcan la foto.

Lo que necesitas:

-Una cámara DSLR
-Varias tarjetas de memoria
Si puedes usar formato RAW
Lente de Ojo de Pescado o Gran Angular
Zapatos cómodos

$Como hacer dinero con estas fotos: Si tomaste buenas fotos, puedes empezar un Blog de viajes y consejos para cuando la gente visite ese lugar sigan tus consejos. Ya que tengas bastantes seguidores puedes usar a terceros que quieran anunciarse en tu blog. Imprime un libro y trata de venderlo. Ofrece tus servicios de fotografía a Hoteles pues es muy bien pagado y aparte te dan alojamiento en cualquier Hotel de esa cadena. Haz impresiones artísticas de ese lugar y vendelas en los mercados locales. Los turistas siempre quieren llevarse un recuerdo de esa ciudad. Qué mejor que una buena foto tomada por un profesional. Recuerda jugar con los colores, ofrece opciones como blanco y negro o filtros tipo Instagram.

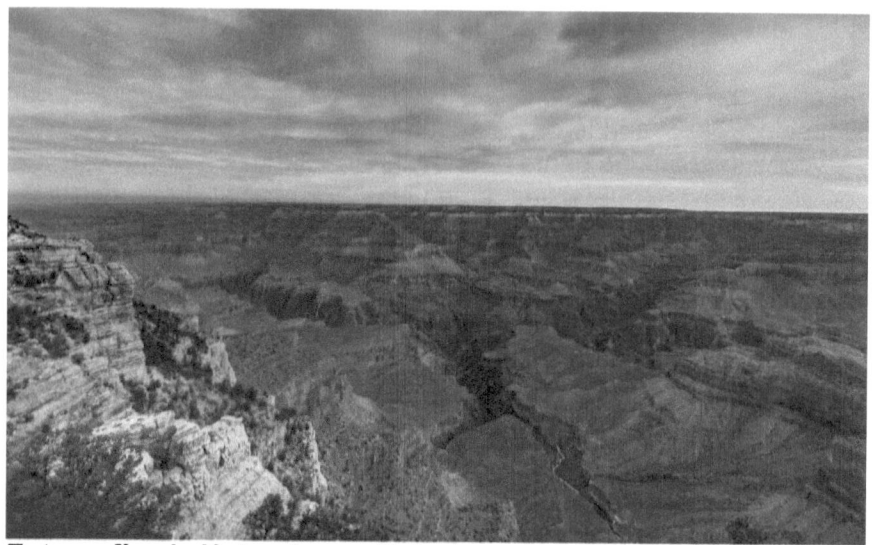

Fotografía de Naturaleza y Paisajes

Este estilo de fotografía es diferente a la de viajes, ya que se enfocada a cosas Naturales como cascadas y paisajes de montañas y animales silvestres. Ten cuidado con los Osos o Serpientes! Cuando estés enfrente de un paisaje que te deje sin aliento (una de dos: por que estas impresionado o no estas en forma), para un par de minutos y disfruta lo que está enfrente de ti. Déjate absorber por tus sentidos, respira y siente la brisa. Toma fotos de forma horizontal y vertical, busca por Arcoiris, atardeceres (siluetas) y amaneceres (magic light). Una ves que tengas la foto, guarda tu cámara y disfruta el paisaje, alimenta tu alma y dale gracias a Dios por darte la oportunidad de estar ahí.

Consejo: Truckea tu cámara usando el Balance de Blancos en modo Día o Soleado para mantener los colores vivos.

Busca áreas abiertas, animales como caballos o ciervos y pájaros.

Cascadas y agua en movimiento: En cascadas o fuentes es muy atractivo usar velocidades lentas (1-3 segundos) y ISO's bajos para crear una impresión suave y tranquila del movimiento del agua.

Lo que necesitas para este tipo de fotografía es:

-Camara de preferencia Mirrorless DSLR
-Varias tarjetas de memoria
-Lente "Ojo de pescado" o " Gran Angular
-Tripóide
-Disparar en formato RAW
-Repelente de mosquitos

$Como hacer dinero con estas fotos: Puedes hacer grandes impresiones y abrir una Galería o dejarlas en concesión a una ya establecida. Asegúrate de demostrar solo lo mejor de tu trabajo. Poco pero bueno!

-Seguir ejemplos de fotografía de viajes en revistas y páginas web.

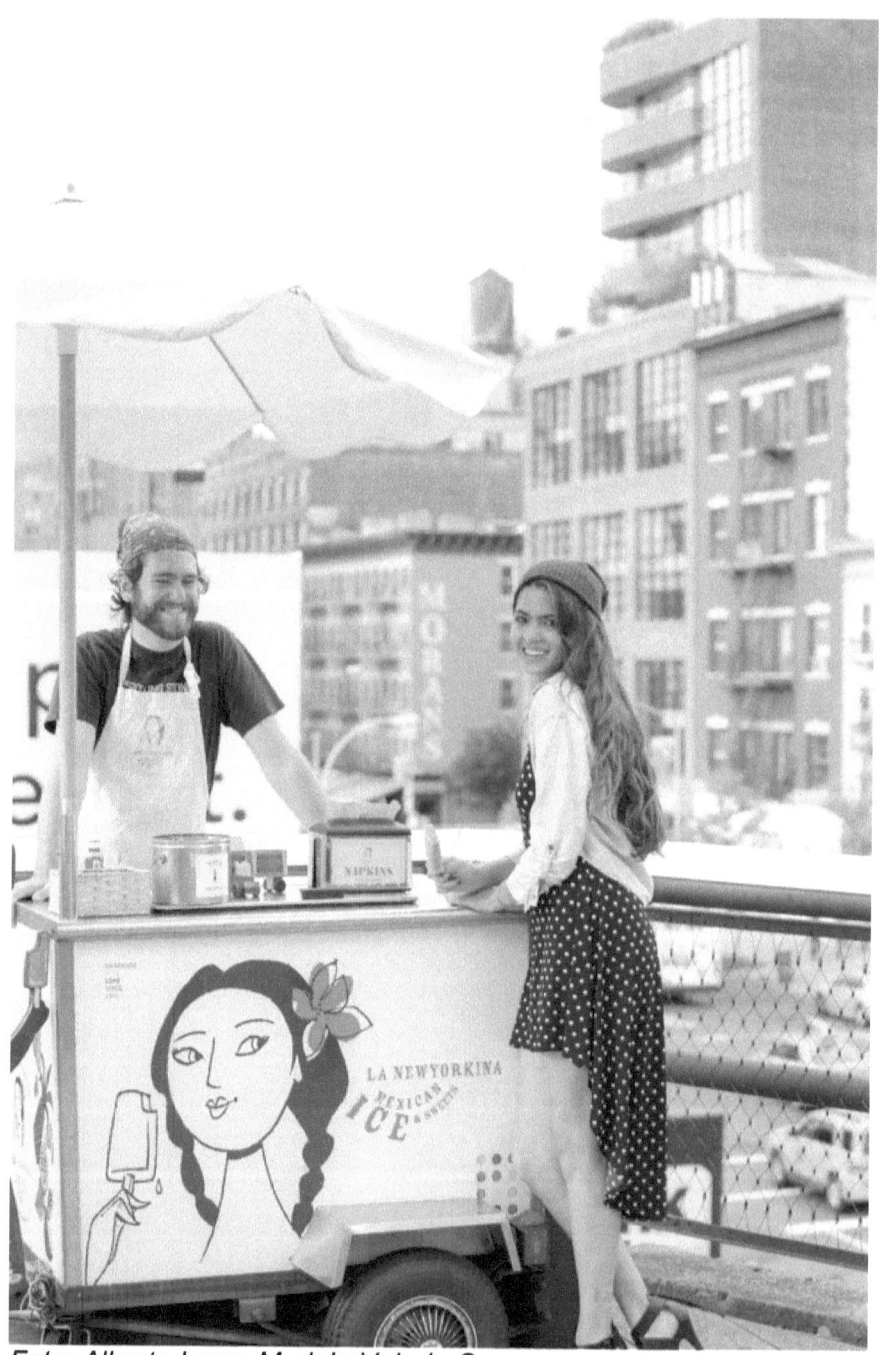

Foto: Alberto Lama Modelo:Valeria O.
Estilo de vida fotografía "Lifestyle"

Estilo de vida fotográfica es un tipo de fotografía que tiene como objetivo principal capturar retratos y personas en situaciones, acontecimientos de la vida real de una manera artística y el arte de lo cotidiano. El objetivo principal es contar historias sobre la vida de las personas o para inspirar a la gente en diferentes momentos. Por lo tanto, cubre tipos multidisciplinarios de fotografía juntos. Un fotógrafo de Estilo de Vida no es sólo un retrato regular, esta persona ama la gente / disfruta de la fotografía como arte de la vida cotidiana. El truco es en crear una foto planeada con un toque normal de la vida diaria, también puedes hacer bien en otras muchas disciplinas de la fotografía en un momento como el paisaje, la fotografía de calle, la moda, la boda e incluso la vida silvestre con visión única para inspirar la vida de las personas.

Lo que necesitas:

-Una Cámara digital

-Flash (a veces)

-Ser alegre y amar la vida

$Como Hacer dinero con estas fotos: Perfecto para Blogeros o si te gusta la fotografía de calle, Puedes ofrecer tus servicios a Diseñadores de ropa que necesiten fotos para su website, también revistas, revistas de moda o individuales que quieran retratos para sus redes sociales, ofrece este servicio a Modelos y gente que necesite fotos para conseguir citas amorosas en Internet!

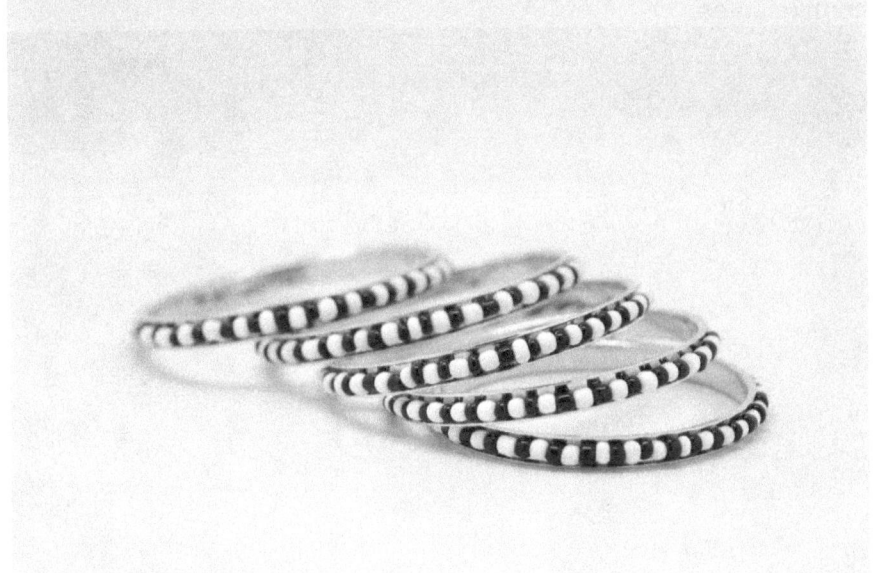

Foto: Alberto Lama
Fotografía para productos:

Still Photography -Como su nombre lo dice esta fotografía es para productos o cosas que no estén en movimiento a menos que incluyas líquidos. Puede ser muy lucrativa si conoces gente que venda productos en línea , restaurantes o Stock Photography (Agencias). Lo ideal sería que lo hicieras en un Estudio fotográfico pero tu casa o departamento está bien también. Si es en restaurant lo puedes hacer en el local para tener la comida fresca. El secreto es tener el control de las luces que usamos. Hay compañías que tienen cientos de productos y puedes hacer muy buen dinero gracias a la cantidad de productos. Tienes que tomarle 2 o 3 fotos de distintos ángulos a cada producto. Juega con la dirección de luz y ángulos. Prepara la imagen e Inspírate en fotos que veas en linea. Una buena fuente de Inspiración es Pinterest o Pinterest.
Lo que necesitas:
-Camara DSLR o Mirrorless
-Tripoide
-Un lente rápido como el 50mm f/1.4 o 105mm f/2.8 Macro
-Luces continuas externas como lámparas de luz blanca
Fondos de colores fijos pero no te limites a eso usa tu imaginación
 $ Como hacer dinero con esta fotografía: Stock Photography.
 Encuentra tiendas, diseñadores, restaurantes y ofrece tus servicios. Puede ser muy lucrativo una vez que tengas clientes y un buen portafolio ya que te empezarán a recomendar con otros comerciantes.

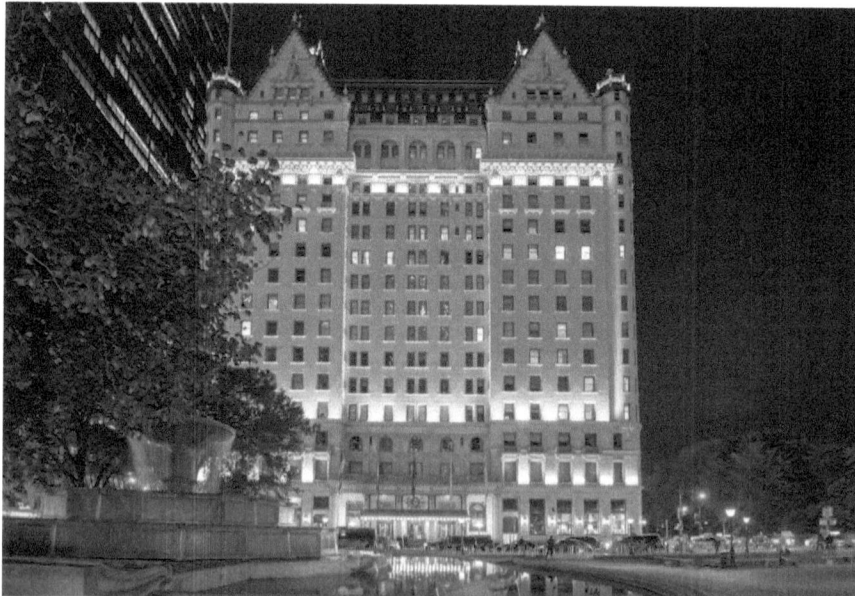

Foto: Alberto Lama Hotel Plaza, NYC

Fotografia de Bienes Raíces e Interiores

Este tipo de fotografía es muy interesante , no importa donde vivas estoy seguro que siempre va a haber gente vendiendo propiedades, o construyendo nuevos edificios comerciales, etc. Esos lugares siempre necesitan fotos de calidad para poder vender o promocionar el nuevo lugar en sus páginas web.

El secreto de esta fotografía es que se basa en tratar de mantener las líneas lo más recto posible, por ejemplo, toma los exteriores en un dia con cielo azul. Cuando se trata de interiores, procura tratar siempre de mostrar solo dos lados de la habitación, debido a que si no ven las otras paredes, dará la impresión de ser más grande y dejará a la imaginación las dimensiones reales, acomoda los muebles o decoración de modo que se vea atractivo y acogedor. A nadie le gusta los cuartos con poca luz, así que utiliza un ISO alto (1500) y buena luz artificial, la gente quiere ver que vistas tiene esa habitacion asi que tienes que prestarle especial atención a la exposición exterior y que se pueda ver tanto lo que hay dentro de la habitación pero también los exteriores de la ventana. Para lograr estos resultados vean este video:
https://youtu.be/fXzPecRJGck

Lo que necesitas:

-Una camara DSLR o Mirrorless

-Tripóide

- Flash

-Lente de Angulo Amplio o Gran Angular

-Una correcta exposicion

$ Como hacer dinero con estas fotos: Acércate a arquitectos, diseñadores de interiores, compañías de Bienes Raíces , vendedores de casas particulares, nuevos negocios, etc. Es un ramo muy amplio con muchas posibilidades.

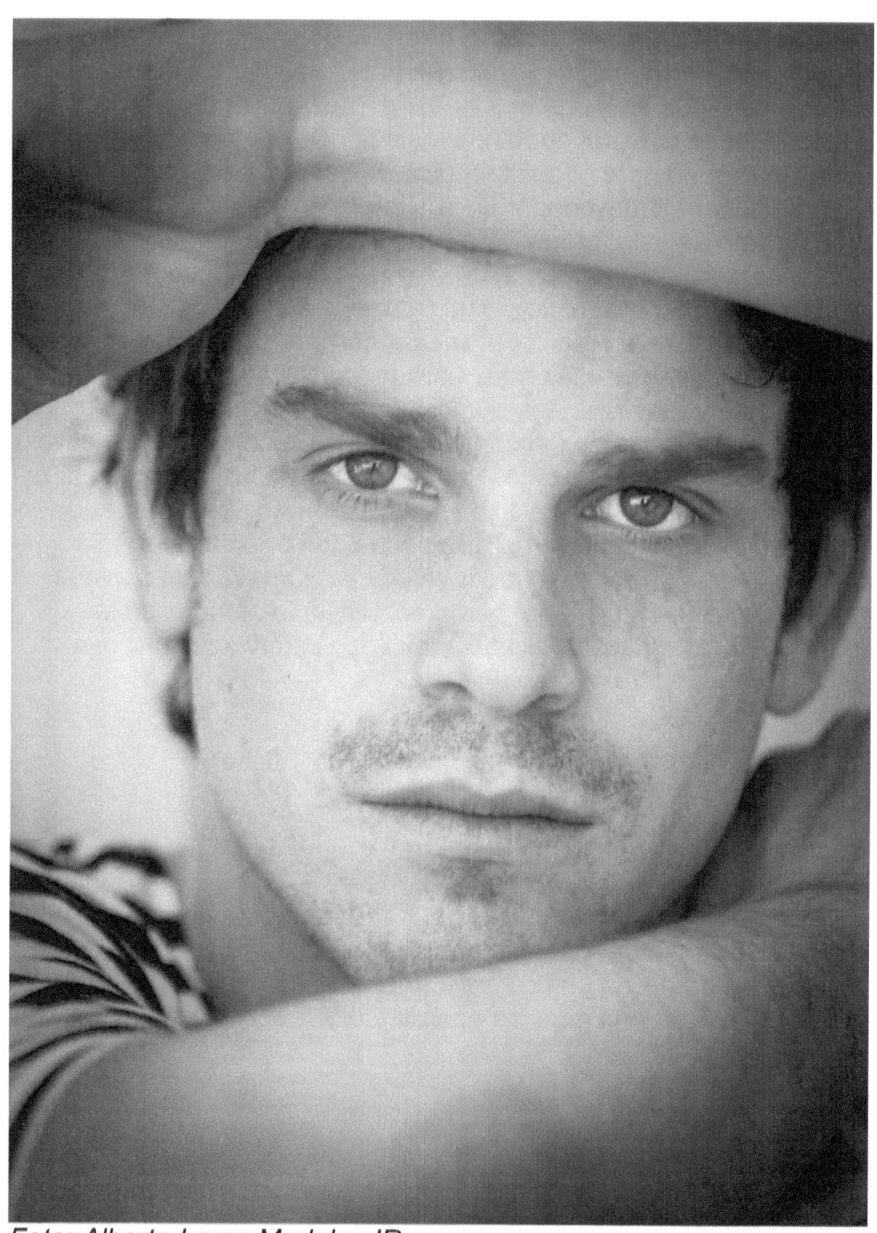

Foto: Alberto Lama Modelo: JR

Fotografía de Retratos de personas

Este es uno de los tipos de fotografías más populares, ya que a
quién no le gusta tener un buen Retrato Ahora más que nunca la
gente necesita un retrato profesional para ponerlo en su Currículum
vítae, para Facebook, Match.com, LinkedIn, etc.

El cielo es tu límite ! Puede ser con fondo de color plano, o lo que yo llamo Retrato Ambiental, en el cual vas a utilizar los elementos que estén a tu alrededor. Los Retratos de ahora han evolucionado bastante, nadie quiere ya esos retratos de los 70's u 80's en los cuales la gente parecía maniquí ya que usaban unas Poses exageradas, la gente de ahora busca poses más naturales en donde se proyecten cómo son en la vida real y tonos más suaves. No necesitas tener un súper equipo costoso. Los mejores Retratos son utilizados con Luz natural, posiciona a tu sujeto junto a una ventana y permite que la luz de afuera ilumine la cara y verás los resultados. Es tu trabajo hacer sentir cómoda a la gente, ya que ellos no están acostumbrados a estar enfrente de una cámara. Platica con ellos antes, recuérdales lo bien que se ven, pregúntales si tienen algun lado de la cara que les guste más que otro. Hazles saber que es normal estar un poco nervioso, pero la finalidad es pasarla bien.

Lo que necesitas para este tipo de fotografía:

-Camara DSLR o Mirrorless

-Luz artificial o Natural (ventana)

-Programa para editar los tonos de piel e imperfecciones, yo recomiendo: Portrait Professional

http://www.portraitprofessional.com

 -Servilleta o pañuelo desechables para quitar el sudor excesivo de la cara del sujeto y evitar el incómodo brillo.

Cuando hagan la edición en sus retratos, comúnmente van a encontrar gente que les pida borrar arrugas en la piel, quitar unos "kilitos" de más , etc.. Un poco de Edición es normal cómo corregir los tonos de luz, pero la Edición exagerada yo no la recomiendo hacer ya que la finalidad es que la persona se vea tal como es en realidad y no pretender ser alguien que no es. Aparte de que se van ahorrar mucho tiempo editando.

$ Como hacer dinero con estas fotos: Ofrece tus servicios a Modelos, Actores, Escritores, Artistas, etc.. Sube tu perfil aqui:

http://www.modelmayhem.com

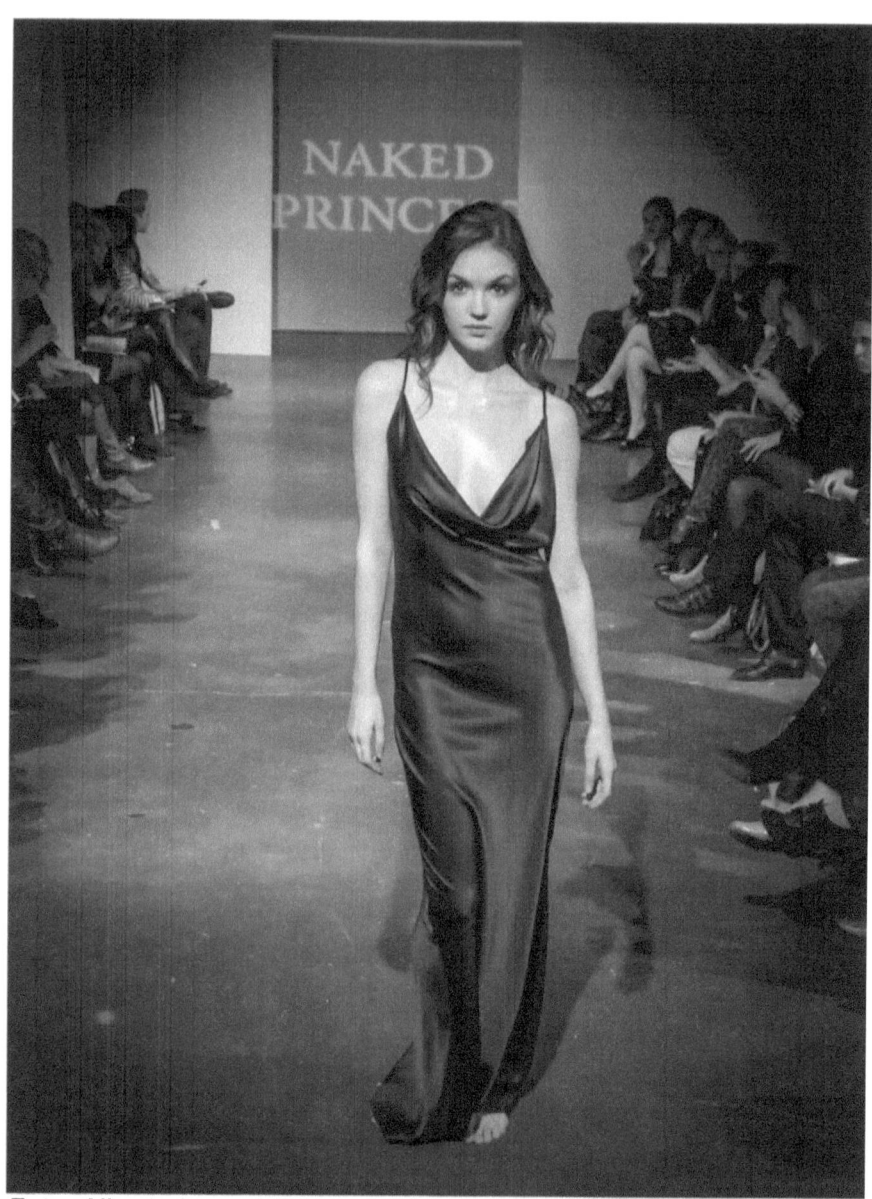

Foto: Alberto Lama LFW

Fotografia de Modas o Fashion

La fotografía de Modas se ha vuelto muy popular gracias a tantos blogs que hablan de moda, revistas, etc. La idea de la fotografía de modas es recrear la "Vida Perfecta" (la cual no existe). Las pasarelas siempre están llenas de fotógrafos que trabajan para revistas o independientes. Se necesita tener una gran creatividad para producir fotos con Glamour y elegancia. Este tipo de fotografía te va a llevar a conocer gente de muchos tipos como actores, modelos, wannabes, etc, Necesitas tener un gran sentido por la belleza y estar al tanto de lo que está de moda. Este circulo es muy reducido y un poco dificil de entrar pero una vez que lo haces te facilitará la vida. Es divertido pero puede ser un poco vacío y superficial. No es muy buen pagado a menos de que después de años de tocar puertas encuentres un Diseñador famoso.

Lo que necesitas para este tipo de fotografía

-Camara DSLR o Mirrorless
-Flash externo
-Lente largo 70-200mm 2.8 o 24 - 70 mm

Conocer a gente que escriba Blogs de moda y estar en el medio.

$ Como puedes hacer dinero con estas fotos: Lo ideal sería que trabajar para diseñadores de ropa, puedes contactar a editores de revistas de moda o revistas de moda. Mientras llegas a esos niveles, puedes intercambiar talento con modelos que estén en busca de expandir su Portafolio. Tú, fotografías a la modelo gratis y ella en cambio te da su tiempo y estilo. Puedes encontrar eso en www.ModelMayham.com Los dos salen ganando usando las fotos para ambos Portafolios.

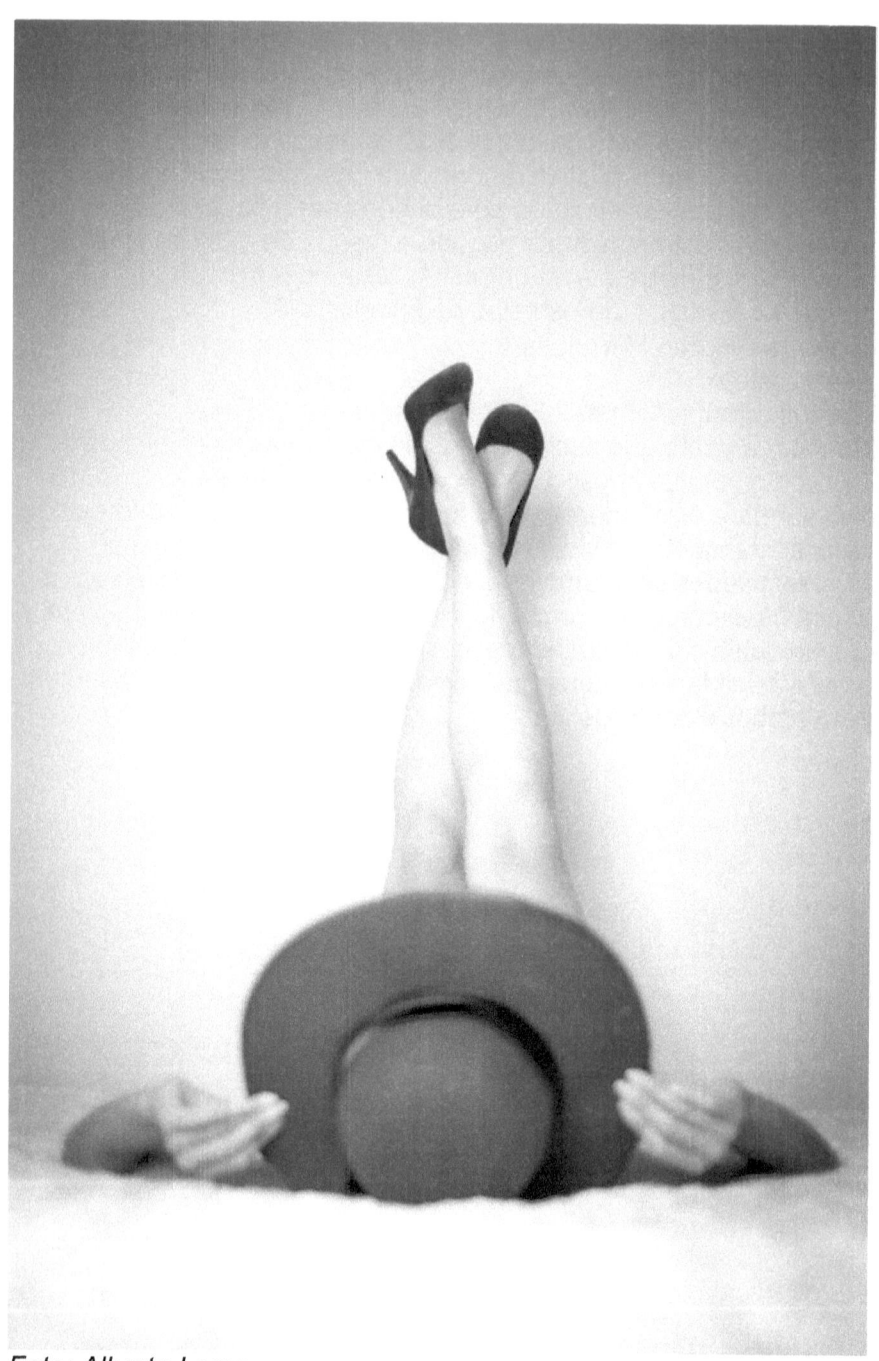

Foto: Alberto Lama

Fotografía de Glamour o Boudoir

La palabra viene de la palabra Francesa que significa "Tocador" sexy e íntimo . Esta fotografía puede ser un poco polémica ya que se trata de tomar fotos de gente Hombres o Mujeres posando con poca ropa o lenceria. Recuerda que esto no se trata de Pornografia sino de ver el cuerpo humano como un arte de expresión.

Una sesión "Boudoir" no es hacer unas simples fotos sino que va mucho más allá, es una experiencia que para muchas mujeres significa un cambio de percepción de su cuerpo y aceptación de su belleza. Es buena costumbre dejar siempre algo a la imaginación . Una experiencia que comienza en el momento que decides realizar la sesión, la elección del estilo de fotografías, la selección el lugar y ropa, luz, hasta la experiencia durante la sesión fotográfica y la entrega de las imágenes. Queremos que estas imágenes muestran un lado que tenía oculto o creía que no existía. Gente que ha hecho este tipo de fotografía han dicho que su percepción personal ha aumentado y han cambiado la forma de verse a si mismos. Tienen mayor autoestima y se aceptan más como son. Hay que ser respetuoso con la o el modelo y no pasar por pervertido. Mantén siempre la discreción y el profesionalismo como fotógrafo.

Lo que necesitas para este tipo de fotografía:

-Camara DSLR o Mirrorless
-Luz tenue
-Distintos tipos de ropa e imaginación
-Discrecion

$ Como hacer dinero con estas fotos: Puedes ofrecer tus servicios a Diseñadores de ropa interior, modelos independientes e incluso a mujeres y hombres que quieran hacer un regalo único y discreto a su pareja. Es un excelente regalo de aniversario. Puedes hacer calendarios con modelos y venderlos. Siempre pide la autorización de los modelos por escrito para evitar problemas legales en un futuro. Este tipo de fotografía se ve muy bien en Blanco y Negro.

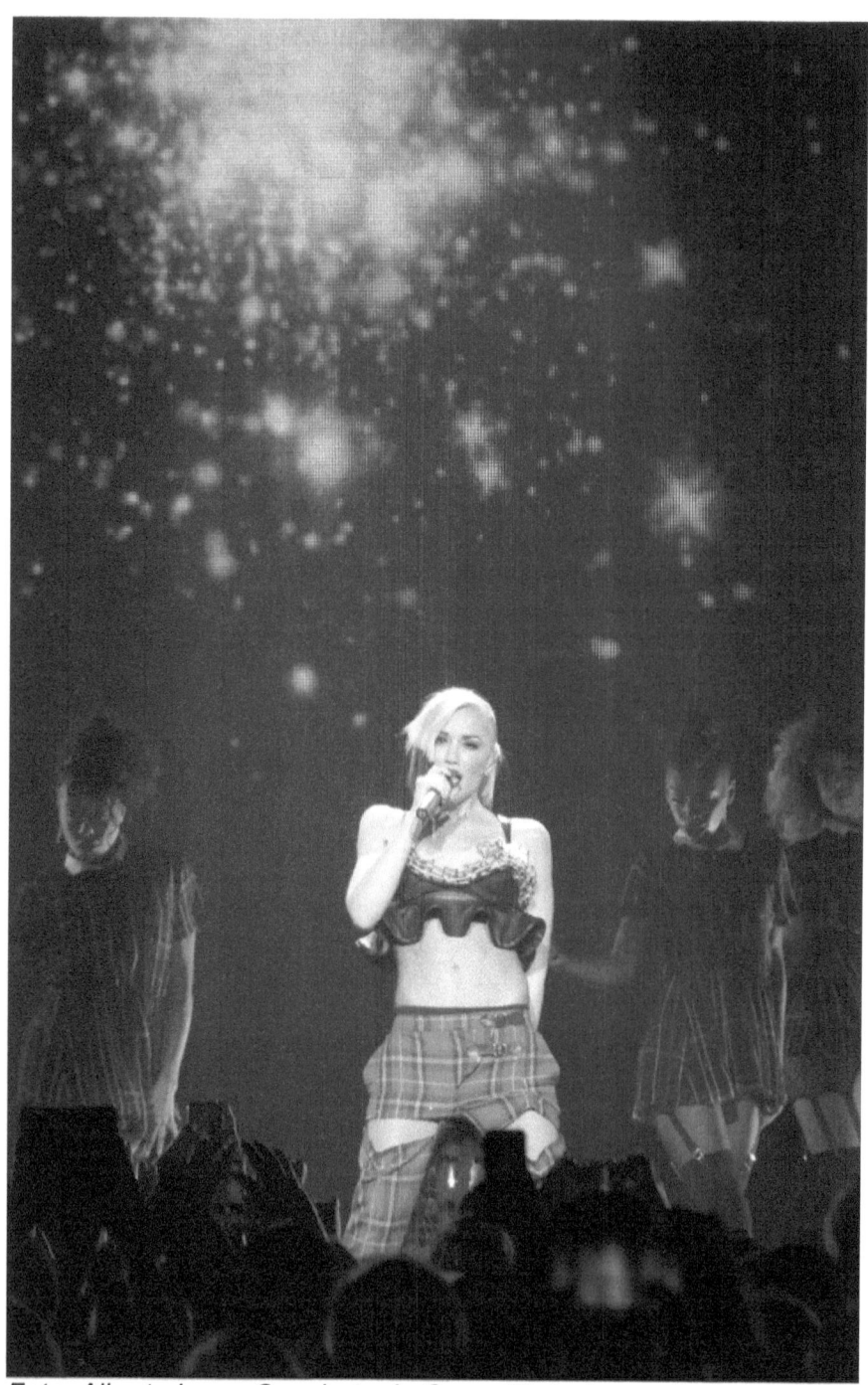

Foto: Alberto Lama Concierto de Gwen Stefani para Getty Images
Fotografia para Agencias de Fotos

La fotografía para agencias de fotografías, (Stock Photography) que a menudo están autorizadas para usos específicos, se utiliza para satisfacer las necesidades de las tareas creativas en lugar de contratar a un fotógrafo, a menudo por un menor costo. Hoy, tus imágenes pueden presentarse en las bases de datos en línea de búsqueda. Pueden ser comprados y entregados en línea.

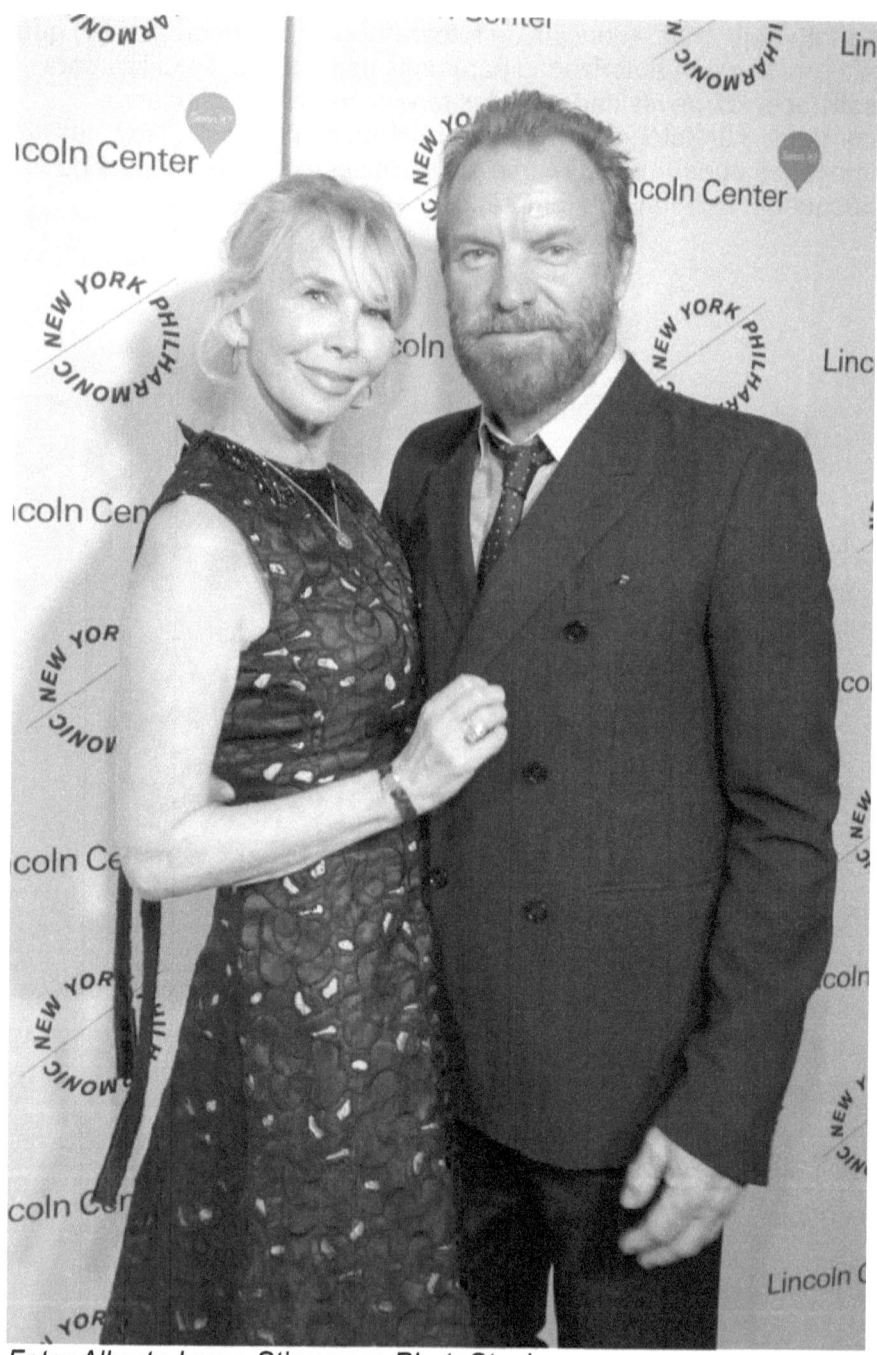

Foto: Alberto Lama Sting para PhotoStock

Existen Agencias como Getty images, Corbis Images o The Photo Access. En este caso estarías trabajando para la Agencia, ellos te consiguen las credenciales necesarias para ir a distintos eventos como conciertos o Premiaciones, tu tomas las fotos y las entregas lo más rápido posible para que estén en anuncios o revistas. Ellos se encargan de utilizar la plataforma y vender las fotos. La comisión se reparte entre la agencia y el fotógrafo. Es muy divertido ya que puedes conocer gente muy famosa.

Lo que necesitas para este tipo de fotografía:

-Camara DSLR o Mirrorless

-Lente 70-200mm

-lente 40-70mm

-Flash externo

-Demostrar tus habilidades Fotográficas

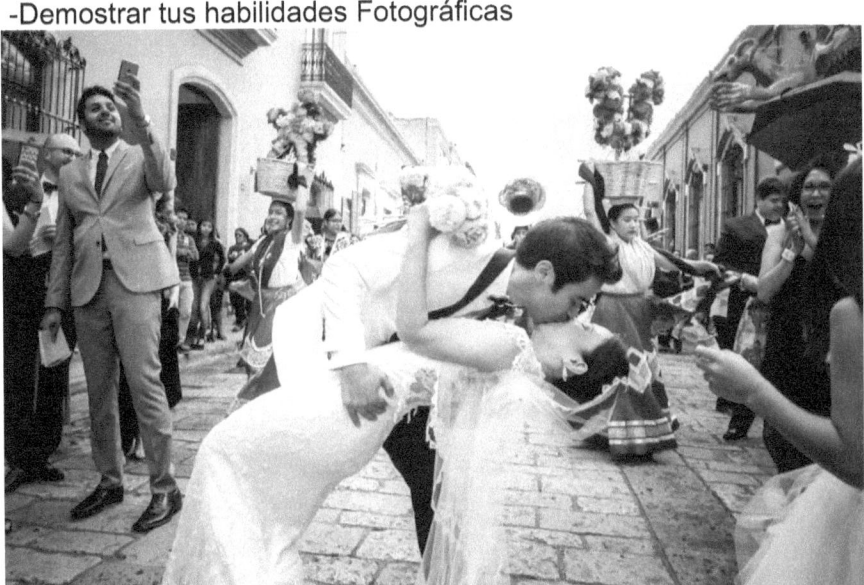

Foto: Alberto Lama

Bodas

Este tipo de fotografía es mi favorita y la que yo ofrezco más. Ya que es súper divertida, pero al mismo tiempo te requiere de muchas habilidades como fotógrafo Profesional. En lo personal me encanta por que me gusta ser parte de momentos alegres, de hecho es el momento más "feliz" de cualquier pareja, no es así ? Me encanta conocer a la familia y a los amigos de la pareja y estar en momentos en los que la gente celebra el amor, todo mundo está feliz! (bueno, casi todos). Es un privilegio el que una pareja te permita ser parte de momentos tan íntimos y privados. Pero también es uno de los tipos de fotografía que requiere mayor responsabilidad y riesgos de que las cosas salgan mal. Créeme, algún día las cosas van a salir mal y hay que estar preparados para reponerse y esperar lo inesperado. Es por eso que también es una de las mejores formas en que puedes hacer buen dinero. Ya que este estilo es mi favorito manejo a mis clientes de la siguiente forma:

Mis clientes me contratan desde que el novio va a preguntar por Matrimonio a la Novia. Ahí es cuando la diversión comienza, ya que como todo un Paparazzi el fotógrafo se tiene que esconder detrás de los arbustos (si es que te va bien, a veces hay que hacerlo desde los lugares más raros que te puedas imaginar) y esperar a que el novio se ponga de rodillas y pregunte a la amada si lo acepta para matrimonio. Los novios se ponen muy nerviosos y empiezan a sudar y ellas siempre hacen lo mismo.. Se ponen las manos en la boca y empiezan a gritar de emoción!

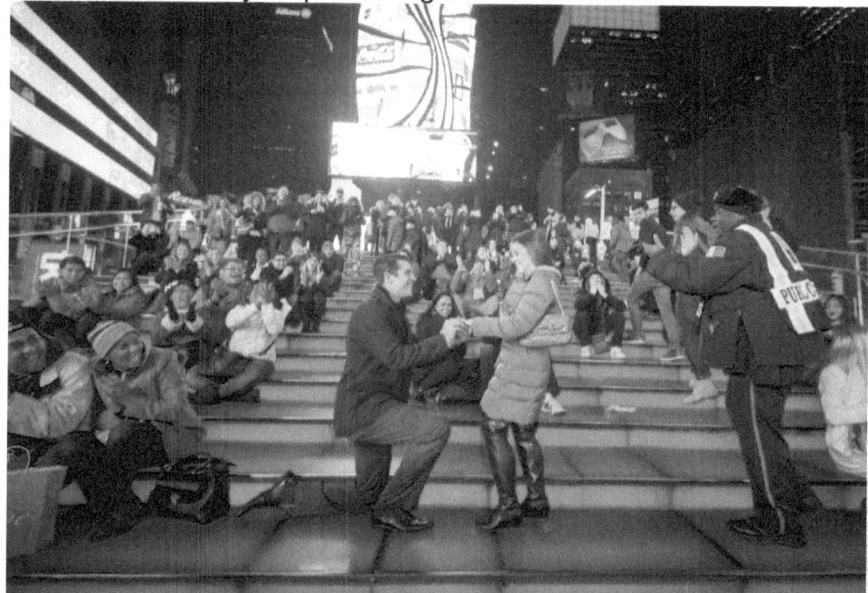

Foto: Alberto Lama en Times Square

Ya sé lo que te estás preguntando.. A habido alguna vez en que la novia diga que NO? No me a tocado y ojala nunca me toque! En fin después de que me contratan para La propuesta de Matrimonio, me contratan para la sesión de Pre-Matrimonio o Engagement sesión. Básicamente es otra sesión de fotos ya planeada meses antes de el día de la Boda. Por lo regular usan esas fotos para crear las invitaciones de la Boda. Después de esa sesión, me contratan para la Boda, en la cual uno toma fotos desde que la novia se maquilla, Iglesia y después de la fiesta. Es muy importante mantener una estrecha relación con tus clientes ya que después si es que sobreviviste, la boda te contrataran para las fotos del primer y segundo bebé , etc.. El chiste es que uno pasa de ser un simple cliente a pasar a ser un amigo de toda la vida. No olvides nunca mezclar la amistad con el negocio. No solo por que ahora sean amigos significa que dejes de cobrar por tu talento y tiempo. Como mencione antes es una gran responsabilidad ya que es un evento que no se va a volver a repetir, cada minuto es diferente y no se puede recrear. Tenemos que estar listos para cuando se dan el primer beso como marido y mujer, el primer baile, cuando cortan el pastel, etc.. Tu cliente espera lo mejor de ti y no podemos quedar mal.

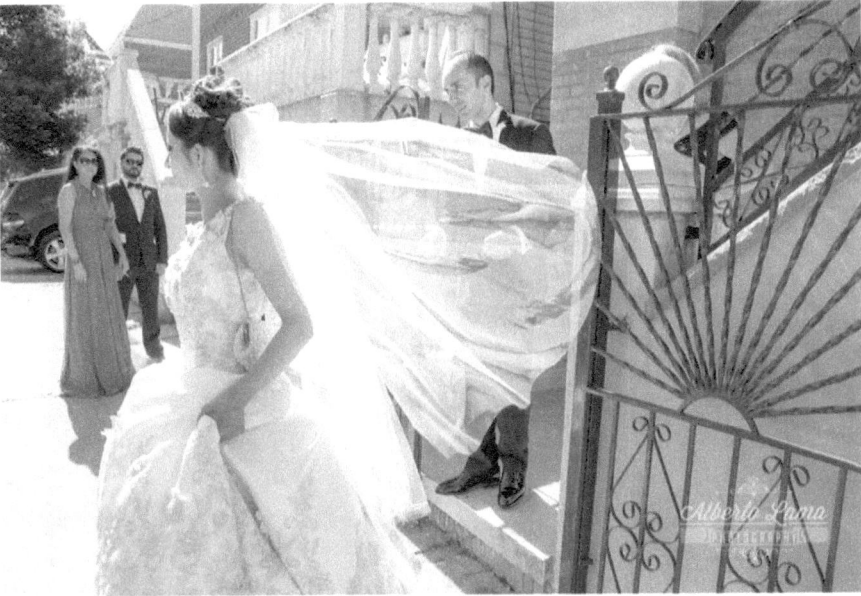

Foto: Alberto Lama

$ Como hacer dinero con estas fotos: Se ofrecen paquetes con diferentes precios basado en horas, distancia y ayudantes.

Se venden las impresiones , Albums, Canvas, Metals, etc. no solo a la pareja, también a la familia y amigos.

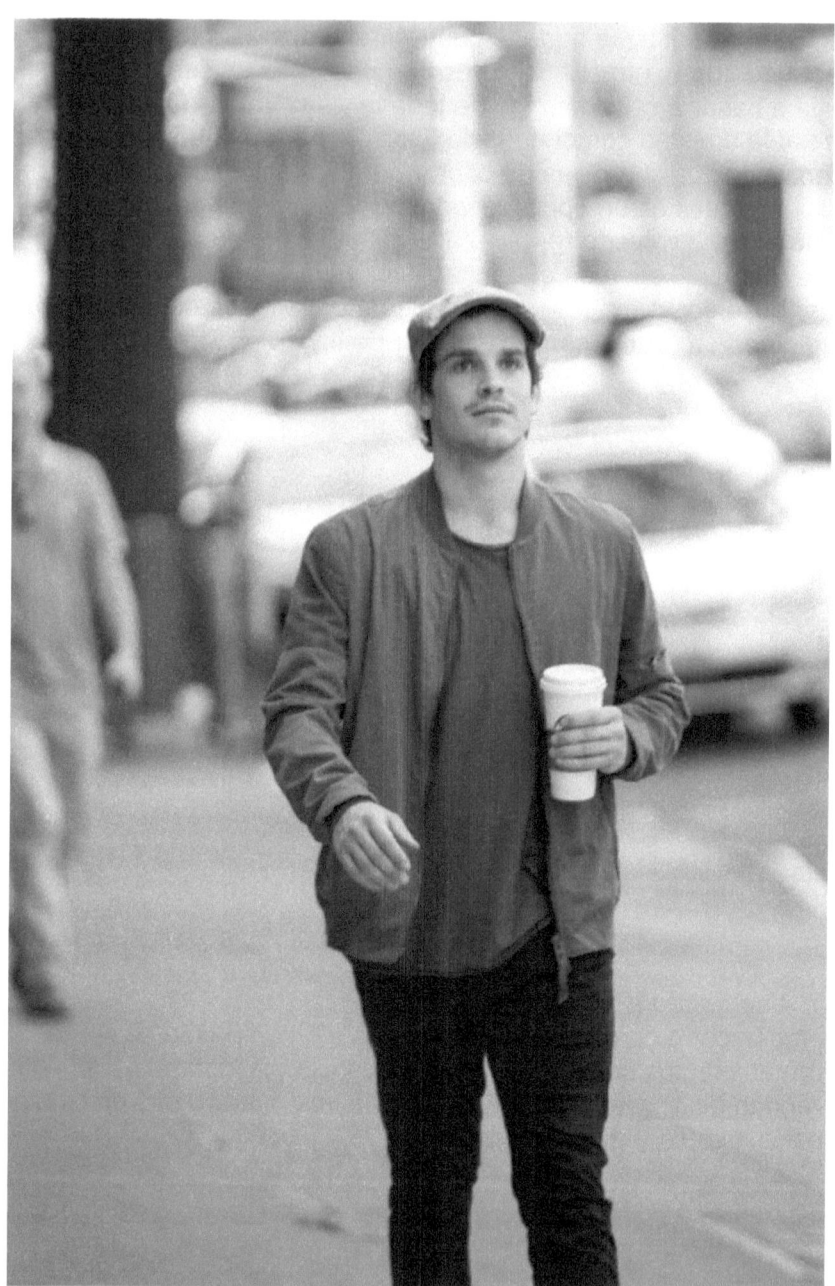

Foto: Alberto Lama

Fotografia estilo Paparazzi

Para mi éste estilo de fotografía es no mucho de mi agrado ya que es meterse mucho en la vida privada de la gente. La idea es captar la vida privada y normal de actores o gente famosa. Se puede hacer dinero pero no es el mejor pagado (a menos que tengas acceso a grandes estrellas como Brad Pitt). Pero a mucha gente le parece divertido y aventurero. Se requiere que tengas que estar listo y disponible las 24 horas del día , los 7 días de la semana. Correr detrás de el sujeto cuando hace cosas tan cotidianas como caminar en la calle o estar en un Restaurante.

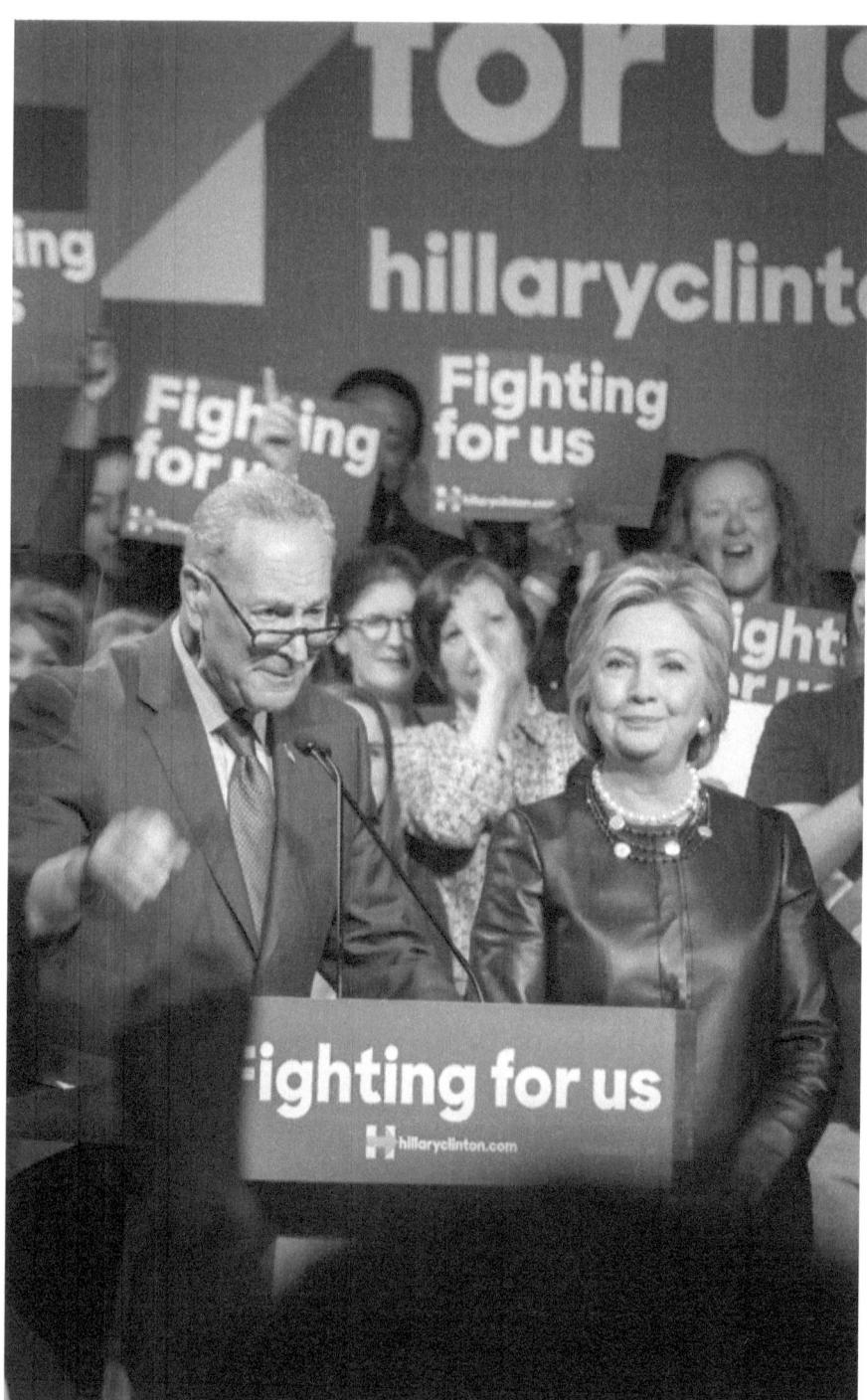

Foto: Alberto Lama En la campaña de Hillary Clinton

Fotografia de Periodismo

Este tipo de fotografía se explica sola. Básicamente, es tomar fotos de acontecimientos relevantes de tu comunidad. Ya sea política, cultura, policiaca, guerra, deportes, desastres etc. Este tipo de fotografía se ha vuelto más y más difícil ya que la competencia es muy alta y gracias a que Los Periódicos en lugar de contratar un fotógrafo para que cree la Noticia, consiguen la foto en Agencias de Periodismo y solamente escriben su nota.

Lo que necesitas:

Cámara Fotográfica DSLR

Automóvil

Flash

Tener conexiones en la Política o Policía

 $ Como hacer dinero con estas fotos: Sé un fotógrafo independiente y busca la noticia para que luego la vendas a agencias de periodismo en lugar de trabajar directamente con el periódico.

Hay más tipos de fotografía que falta por mencionar pero estos son algunos de los más comunes en donde hay más opciones de hacer dinero y que vale la pena explorar más a fondo. Lo importante es que sea cual sea el tipo de fotografía que te guste lo hagas con pasión y que te atraiga, ya que, cuando haces algo que te gusta dejarás de trabajar por el resto de tu vida.

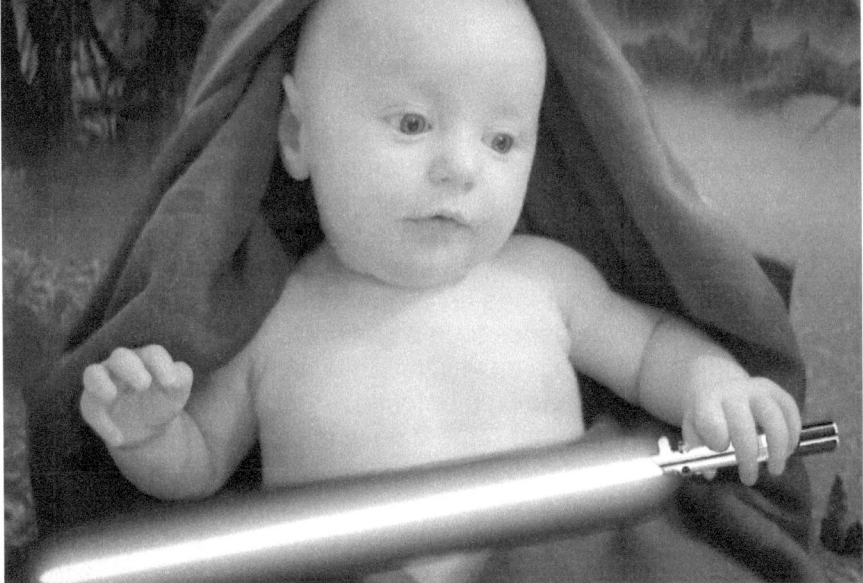

Un nuevo Fotógrafo a nacido.. Este eres tu mi querido Jedi"   *Foto: Alberto Lama*

Capítulo 7

Tu Primer Cliente

Uno de los problemas que afrontan todos los fotógrafos en el principio de su carrera es como encontrar los primeros clientes. Es importante entender este proceso y necesito que confíen en mí cuando les digo que este es el " único camino". Que en realidad les va a ayudar a arrancar su camino como fotógrafos profesionales. Para empezar necesitamos tener algo que enseñar, necesitamos un portafolio! Como vamos encontrar nuestros primeros clientes si no tenemos nada que mostrar?

El secreto está en empezar a tomar fotos de nuestros familiares y amigos. Empecemos practicando con la gente que nos va a tener paciencia y nos puede ayudar. Si tienes una sobrina que cumple años ofrece tus servicios como fotógrafo gratis, toma retratos de tus hermanos o hijos gratis. Tienes amigos que se casan? Ofrece tus servicios como fotógrafo! Sé honesto y abierto con ellos, diles que estás aprendiendo fotografía profesional y que les puedes ayudar a tener recuerdos increíbles. Es un trato en el que todos ganan, ellos recibirán una copia digital gratis a cambio de que puedas utilizar esas fotos para tu portafolios. Lo único que tienes que invertir es tu tiempo! Ahora, no solo por que es gratis significa que vas a hacer un trabajo mediocre o pobre. Tienes que ser profesional desde el principio y asegurarte de que vas a hacer un buen trabajo, o al menos decente. Pídeles que dejen una Reseña comentario en tu facebook o página web. Es por eso que tomen mínimo 3 fotos de la misma escena, ya que así aumentamos nuestras probabilidades de que alguna de esas fotos salga bien. En el momento de que tengas al cliente enfrente empezarás a sentir nervios, siempre tienes que mantener la calma y tener el control de lo que harás. Tú podrás no tener la menor idea de lo que haces pero ellos no lo saben, ellos creen que tienes todo bajo control. Así que mantén la calma, toma la foto, checa en el visor de la cámara y aumenta la foto para verificar que este bien enfocada, haz los cambios necesarios y vuelve a tomar otras 2 de la misma escena. Antes de tomar una foto tenemos que parar por un segundo tomar un buen respiro y pensar cual va a ser el siguiente movimiento o pose.

La práctica , y entender que una vez que dominemos el proceso en un futuro será cosa de repetir ese proceso. Muchos fotógrafos te dirían que nunca ofrezcas tus servicios gratis, pero en realidad no es gratis, ya que todos ganan. Ellos ganan imágenes gratis y tu ganas material para tu portafolios y tus primeras reseñas.

Preparándote para la sesión de fotos:

Una muy buena práctica es el hecho de hacer una lista de las cosas que necesitas para cada sesión de fotos.

- Locación : Donde y como vas a llegar a el lugar? Necesitarás permisos? Taxis, Google Maps.
- Equipo de trabajo: fotógrafo principal (tu), fotógrafo secundario, encargado de luces, modelos (confirmar 24 hrs antes), maquillista, estilista, etc.
- Detalles: cambios de ropa, joyería,, flores, accesorios.
- Equipo: cámaras, baterías (cargadas) reflectores, tripóides, flashes, etc...

Escogiendo en nombre de tu Negocio

OK, Ya tienes unas cuantas imágenes básicas para tu portafolios. Necesitas pensar en tu nombre artístico! Cuando yo comencé con mi negocio, se llamaba "Blue Door Photography" era un buen nombre pero después me di cuenta que era un poco ambiguo, Blue Door Photography no era específico . Tomaba fotos de puertas azules? Retratos? Fashion? Mascotas? Bodas? En ese tiempo no sabía en realidad qué tipo de fotografía me iba a enfocar, así que decidí que al final de cuenta a quien estoy vendiendo es a mi mismo, mi personalidad, cualquiera puede tomar fotos "parecidas" o con un "estilo" similar al mio pero solo hay un solo Alberto! Y así nació "Alberto Lama Photography". De esa forma, la gente sabe desde un principio de que es mi negocio (fotografía) y asi es mas facil que me encuentren en Internet por mi nombre en lugar de Blue Door. Pero no solo fotografía de bodas.. Una vez que la gente va a mi pagina se dan cuenta que a pesar de que Bodas es mi fuerte, también puedo hacer Retratos, Familias, Eventos, etc.. Por qué ? Porque cuando no es temporada de bodas (al menos acá en NY por el Invierno) me mantengo haciendo otro tipos de fotografía. Ahora, si ustedes no tienen temporada de Invierno y viven en un lugar Tropical o Templado, es una ventaja enorme!

Logotipo

Hay gente que es buena recordando lugares, otras números, otras nombres o frases y otras imágenes. El logotipo es una ayuda imprescindible para que la gente empiece a asociar y recordar tu negocio. Sé creativo y esfuérzate por crear algo que se vea con calidad y creatividad. Si tu creatividad no es muy buena te recomiendo que utilices un sitio que se llama "Fiverr.com" es un sitio donde Diseñadores de todo el mundo ofrecen servicios rápidos de diseño por $5 dólares ! te pueden ayudar a escribir también una buena introducción o biografia , Diseño de Logo, etc..

Donde Publicar

Al principio no tendrás los medios para anunciarte en revistas o radio, pero es aconsejable empezar anunciándote en Páginas como: Craigslist.org, anuncios Clasificados en tu localidad, Segunda Mano, Facebook, etc. Todos estos sitios son gratis y podrías contratar uno que otro cliente pero lo más importante es tener una Página Web!

TU PAGINA WEB:

Estas son las piernas de tu negocio (sin piernas no corres). Esta es la parte principal de tu negocio y donde la gente verá tu trabajo, si tu cliente no puede ver tu portafolios, no te va a contratar, ¡punto! ¿Como quieres que tu cliente se sienta cuando vea por primera vez tú página? Clásico, elegante, moderno?

Tú página, tiene que ser una página que sea fácil de encontrar y no complicada de navegar. Lo típico sería :

Página principal (Home)

- Biografía - NO Resumen de trabajo por favor!
- Portafolios (no más de 3 o 4 tipos de fotografía)
- Contacto
-Blog (opcional)

En Home tenemos que enseñar lo que creamos.

Que creamos Fotos! memorias! Es por eso que tenemos que utilizar una imagen que impacte y que describa el tipo de fotografía que creamos. No tiene sentido tener una foto de un perro sentado si en realidad tomamos fotos de arquitectura, verdad? Es más impactante mostrar una buena foto grande que use toda la pantalla (o casi toda) a mucho texto y fotos de varias cosas pequeñas. En la página es donde tienes que poner etiquetas y palabras clave para que la gente que usa Google (todos) encuentren tu negocio fácilmente gracias a Buscador, por ej: mi pagina tiene esta descripción (Copia esta frase y personaliza tus datos): " Fotógrafo en Nueva York Alberto Lama es un Fotógrafo de Bodas con base en el Upper West side. Ofreciendo Fotografía de Bodas en Nueva York y de destino Esta descripción está repleta de palabras clave que serán captadas por Google cuando alguien busque fotografo de bodas en Nueva York.

Biografía: Tu biografía debe ser casual y no muy formal. cuando hables de ti exprésate como te gustaría que la gente te viera, seguro de ti mismo. Recuerda que te estás vendiendo a ti mismo y a tus servicios. En el buen sentido de la palabra.. Sé tu mismo de una forma profesional y habla de tu pasión por la fotografía y tus logros relacionados con ella.

Portafolio

Tu portafolio debe de hablar bien de ti con imágenes. Muestra las fotos de las cuales estás mas orgulloso(a), las fotos mas impactantes que tengas y que llamaran la atencion de el cliente que estas buscando. Trata de NO mostrar fotos de tooodo (si, lo escribi asi apropósito), tipo de fotografía y pregúntate a ti mismo cual es tu objetivo demográfico; Es mejor que te identifiquen por un par de estilos nada mas a que piensen que haces todo tipo de fotografia. Cuando empeze en la fotografia ofrecia mis servicios de Retratos, Bodas, Modas, Boudoir, Viajes, Vida silvestre, Eventos, Macrofotografia y aparte era Bartender! ja ja ja la gente no me tomaba en serio. Tenia que enfocarme en una rama de la fotografia nada mas. Dentro de mi sabia que podria cubrir otros tipos de fotografia. Asi que decidi por lo que mas me gustaba, Las Bodas y estar con gente. Me enfoque en que mi Portafolio principal seria las bodas y si por ahi salia algun otro trabajo diferente tambien lo podria cubrir por al lado. Organiza tus fotos de una forma inteligente en tu página web.

Ok, una ves que ya tienes un portafolios, en el que estás orgulloso de tus fotos ya que has seleccionado las mejores y tan solo las mejores, entonces es momento de empezar a cobrar por tus servicios. Obviamente no vas a cobrar como los fotógrafos que llevan 20 años en la industria. Necesitas empezar a cobrar precios accesibles, pero ya estás haciendo dinero! Empieza a practicar desde que estás en la página #1 de este libro. La idea es que empieces a hacer dinero en un mes! Eventualmente cobrarás más y más conforme te vayas sintiendo más seguro y tu portafolios sea más sólido . En este momento es cuando también tienes que ir empezando a desarrollar tu estilo. blanco y negro? Color? Antiguo o Vintage? Que vas a fotografiar? Bodas? retratos? fashion? Arquitectura ? etc.. Yo en lo personal te recomiendo que trates aunque sea una vez cada tipo de fotografía y asi veas con cual te sientes más capaz y te apasiona más .

Algunos puntos adicionales para organizar tu portafolios:
- Escoge Fotos con un gran Contraste.
-Usa fotos que se vean grandes y que impactan en el Home page
-Ordena tus fotos
-Describe tu foto en texto para que sea más fácil de localizar en Google.

-Pide una segunda o tercera opinión.

-Actualiza tus fotos constantemente. Con el tiempo te darás cuenta de que la calidad de tus fotos va ir mejorando. Cambia las fotos antiguas por las nuevas con mejor calidad.

En tu Biografía puedes describir con texto que abarcar muchas ramas de la fotografía pero que estas dispuesto a todos, pero tu pasión es solo un tipo o dos! Menos cantidad pero más calidad! En algunas localidades el servicio de internet no es muy rápido como en las grandes ciudades. Te aconsejo que subas a tu página fotos no más grandes de 900 pixeles por dos razones importantes.

Una, tú pagina se descarga más rápido y se podrá navegar más fácil . Segunda: Las probabilidades de que se roben tus imágenes es menor ya que no pueden descargar el archivo de gran tamaño . Recuerdas tu Logo? Es aquí cuando debes de crear un Watermark con tu logo en cada foto que publiques para que la gente no robe tus imágenes. Con el tiempo tienes que definir en qué tipo de fotografía eres experto. Bodas? Moda? Glamour? Paisajes? Retratos? Es elegante? commercial? E tc.

*Ejercicio- Define tu estilo de fotografía con 5 palabras. El resultado tiene que estar en la descripción de tu página web.

Contacto: Te recomiendo que crees una dirección electrónica específicamente con el nombre de tu negocio por ejemplo la mía es: info@albertolamaphotography.com o alamaphotography@gmail.com recuerda que estás desarrollando una marca y tienes que utilizar todas las herramientas a tu alcance para que sea más fácil de recordar tu marca o nombre. Un teléfono es de gran ayuda también.

Blog:

Blog es una manera formidable de crear interés en tu página y nuevos seguidores. Hay mucha gente (como yo), que hay veces que no sabemos de qué escribir. Tienes que escribir de cosas importantes para que la gente se suscriba a tu blog y comparta tus blogs. El secreto es la constancia.

Notas- Es importantísimo que en tu página web muestren en cada página las Redes Sociales que utilizas, Facebook, Instagram, 500Px, Google+, Twitter, etc.. Más adelante hablaremos de cada una de ellas.

Te recomiendo que compres un nombre dominio para tu página web. Para crear tu pagina web te recomiendo Wix.com, 500px.com o Foursquare.com ya que tienen páginas (Templates) ya creados para Fotógrafos en los cuales te dan el dominio gratis y solo subes tu información e imágenes y muy fácil de usar. Puedes encontrar algún otro proveedor en Google si lo deseas.

Tarjetas de presentacion:

Podrás promover tu negocio en cientos de lugares pero la mejor forma comprobada sigue siendo es por medio de recomendaciones o de boca en boca. Una excelente forma de ayudar a la gente a que te recomiende es dando tu Tarjeta de Presentación . Es una forma discreta y profesional de recordar a la gente que existes. El nombre de tu negocio y tu Logo tienen que estar creados antes que mandes a imprimir tus Tarjetas. Hay una pagina que hace Tarjetas de presentacion "Gratis" y solo pagas por el envio
http://www.vistaprint.com

Redes Sociales:

Facebook: es una gran herramienta ya que casi toda la gente lo utiliza y lo checan hasta 25 veces al dia! Si tu eres todavía uno de esos que se niega a tener un facebook, te recomiendo que lo pienses dos veces. La verdad es que tenemos dos opciones: Negarnos a utilizar las redes sociales y tratar de ir en contra de la modernidad ó utilizar las redes sociales a nuestro favor para beneficiar nuestro negocio. Las redes sociales son una herramienta muy útil si la empleas a tu favor. Es como los antiguos cassettes que fueron sustituidos por el CD y el CD por los MP3 y los MP3 por itunes musica en linea. Las redes sociales llegaron para quedarse nos guste o no. Depende de nosotros si las utilizamos de una forma inteligente o no. Facebook es el más usado de todas ellas. Ahora si no quieres tener un perfil en Facebook, lo que puedes hacer es crear uno privado y no ser activo (incluso puedes cambiar tu nombre por Dart Vader si tu quieres), pero lo que sí es importante es que crees una Página en Facebook para tu negocio. En ella, vas subir las mejores fotos de tu portafolios, Puedes ofrecer ofertas y campañas. Esa misma página de facebook tiene que estar ligada a tu página web.

En Pinterest puedes crear Tableros (boards) que son como folders, te recomiendo que seas organizado y que cada tablero sea para cosas iguales. Ejemplo: un tablero para retratos de familia, otro para retratos de niños, otro para bodas, etc.. Siempre, primero sube las fotos a tu página -web y de ahí subelas a Pinterest.

Instagram: A diferencia de Facebook, Instagram es mas para imágenes (lo que nosotros hacemos) y menos texto. Es una gran plataforma para crear seguidores que les guste nuestro estilo de fotografía. Te recomiendo subir contenido al menos 5 veces por semana.

Twitter : Esta página es más como para compartir opiniones o pequeños textos. No muy recomendable para Fotógrafos pero no esta de mas.

Google Plus : Es como Facebook pero enfocado en imágenes. A dónde se dirige la gente para encontrar algo ahora? Google! Asi que si pones tus imágenes en Google+ es más fácil que la gente encuentre tus imágenes en tu localidad y por consiguiente que te contraten.

500px: Excelente para subir y enseñar tus fotos en gran tamaño !

Flickr: Muy recomendable para crear un Portafolios si es que no tienes Website. La forma de mostrar las fotos y el diseño de Flickr es muy interesante. Incluso si tienes pagina web, te recomiendo que tengas otra pagina en Flickr ya que así aumentas tu posicionamiento en Internet y ya que Flickr pertenece a Yahoo es mas facil que la gente sepa de de ti y encuentre tus fotos. Aparte de que es absolutamente gratis!

Nota: Es importante que uses siempre Watermark en tus fotos con tu logo para evitar Piratería y que la gente no te robe tus imágenes.

#Etiquetas : Desde ahora te recomiendo que tengas la costumbre de ponerle "Etiquetas" a tus fotos para que Google encuentre tus fotos de forma rápida y fácil. Por ejemplo, si la foto es de un Perro jugando en la playa en Cancún al atardecer, tus etiquetas podrían ser #PerroJugando #Cancun Se creativo!

Descripción: La descripción es parecida a las etiquetas, pero de una forma más coherente. Utilizando el mismo ejemplo del perro, tu descripcion podria ser la siguiente: "Perro jugando en la playa de Cancún " La descripción no tiene que ser muy elaborada. Eso ayudará también a que la gente que esté buscando ese tipo de Fotos, te encuentre y te contrate.

Campañas u Oferta: Una estrategia es que durante el año, regularmente hagas campañas. Ejemplo: "10% de descuento en Febrero en todos los retratos de niños. Reserva tu fecha ahora!". "Session de parejas (Engagement) gratis cuando reserven su boda". Es un ejemplo de campañas que puedes hacer durante el año, sé creativo. Puedes utilizar algún periódico local o crear una campaña en Facebook y tu poner el limite.

Días festivos: Yo siempre hago especiales los días festivos, retratos de familia en Navidad, eventos en Halloween, Parejas en San Valentín , Bodas en verano, etc.. En este tipo de fechas, tus reservaciones pueden subir muchísimo y es un buen ejemplo de recordarles a tus clientes que sigues activo y presente en caso de que necesiten tus servicios o que conozcan a alguien que necesite un fotógrafo. La intención es que no les digas una vez y que se olviden de ti. Hay que estar presente todo el año!

Sé local y trata de narrar lo más posible tu descripción. Si tu pasión es la fotografía de Bodas y estás en Barcelona. Tu website y tus fotos tienen que tener la descripción de fotógrafo de bodas en Barcelona, España y no fotógrafo de bodas en Australia. Al menos no por el momento..

Cada oportunidad en tu vida y cada persona nueva a la que conozcas, tienes que presentarte a ella como fotógrafo profesional y dar una tarjeta de presentación. Tienes que creértelo ! Depende como te presentes es como la gente creará una impresión de ti y de tu negocio. Una vez que ya tengas un negocio más sólido y ya estés haciendo dinero de una forma regular, podrás pensar en anunciarte en tu periódico local o revistas especializadas en el tema.

Por muy frío que suene, hay otros que pueden tomar fotos iguales a las tuyas o mejores, pero nadie puede venderte a ti mismo! Tu eres único(a) y más que vender fotos tienes que vender la Experiencia. Y no me refiero a experiencia de años tomando fotos, me refiero a que tienes que decirle a tu cliente que se la va a pasar increíble durante un par de horas contigo, es reír , hacerlos sentir cómodos y relajados, empezar una relación de amistad y confianza. Eso, es lo que hará que vuelvan contigo y te recomienden con amigos y familiares. Ese es tu plan de ataque!

[OBJ]

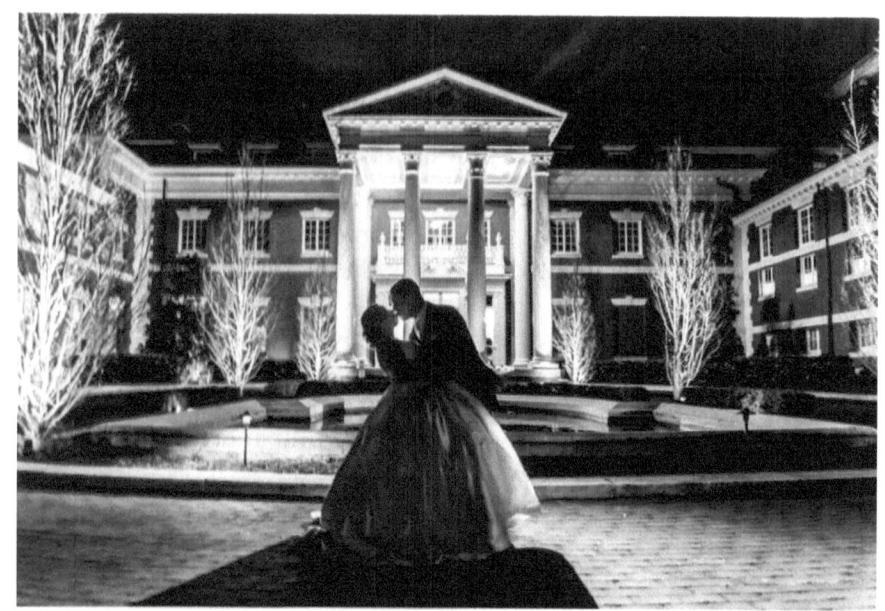

Capítulo 8

Y ahora qué ? Estudio fotográfico o no?

Está comprobado que 40% de los primeros Estudios fotográficos fracasan en los primero 2 años, el 55% en los primeros 5 años y 71% en los primeros 10 años.

La razón principal INCOMPETENCIA! Muchos de los que se dicen ser fotógrafos no saben qué diablos están haciendo! Es por eso que hay que practicar mucho, y hacer lo mejor que podamos por dar un excelente servicio al cliente.

Regularmente, mi esposa me reprocha por que casi siempre hago las sesiones más largas de lo que está pactado con el cliente y mi respuesta es siempre la misma.. "Me gusta superar las expectativas de mi cliente." Una vez que empiezo con la sesión fotográfica no puedo parar ya que siempre estoy buscando tomar una mejor foto. Se vuelve un reto. El dinero pasa a segundo plano! Yo siempre tomo fotos pensando en una mejor foto y una mejor reseña.

Es mejor tener un Estudio fotográfico? Claro que es bueno tener un Estudio fotográfico, ya que puedes controlar el medio ambiente sin importar el clima de afuera. Lo malo? Es que limita tu creatividad, no vas a pasar de ser un fotógrafo que dispara siempre con el mismo fondo blanco y aburrido. El mejor estudio fotográfico es el parque, la playa u otra cosa que no sea una pared blanca! Claro que puedes comprar diferentes Fondos de colores pero nunca va a igualar a la realidad de tener un bosque con árboles verdes o un Parque, o tener la vista de la ciudad como fondo, etc.. Eso sin mencionar lo hermoso que es utilizar la luz antes de atardecer o temprano por la mañana con un cielo azul. El tener un Estudio implica pagar renta de un local y materiales. Al mismo tiempo puedes usar tu casa o departamento si es que tienes una habitación extra. Pero ten en mente que vas a estar trayendo gente extraña, y tu casa tiene que estar siempre impecable. La decisión es tuya, dependiendo del estilo de fotografía que te guste.

Cuanto cobrar por tus servicios?

Es una pregunta que todos nos hacemos en determinado momento. Qué es lo justo? Obviamente, si vas empezando y no tienes un Portafolios muy extenso no te puedes dar el lujo de cobrar millones. Por el momento explora tu competencia en la zona donde vives. No cobres lo mismo que los fotógrafos que llevan muchos años en el negocio (por ahora..). Cobra un poco menos, recuerda que lo que necesitas por el momento es crear un Portafolios sólido y clientes leales que te recomienden. Pero nunca trabajes gratis! Pero que no dijiste que hay que tomar fotos de familia y amigos? No es trabajar gratis? No, ya que ellos a cambio te van a dar 2 cosas súper importantes: Material para tu portafolios y una recomendación o comentario por escrito en tu Website, Facebook, Yelp, etc.. Todos ganan. Pero eso solo al principio. Es por eso que es importante conocer a tu cliente. Es como cuando vas a abrir por primera vez un restaurante en donde nadie te conoce. El día de apertura ofreces muestras de tu comida gratis! Con la condición de que te dejen una buena reseña o comentario en internet. De esa forma dejas una buena impresion, te das a conocer y dar a conocer tu producto! Ya que tengas definido que tipo de fotografía te gusta, es importante que conozcas cuál es el tipo de cliente ideal. Es un joven adolescente que tal vez no tenga dinero para pagar una sesión de fotos? O tal vez es una persona de mediana edad profesional y exitoso? Familia con niños pequeños o hijos mayores? Escribe en un cuaderno, 3 características de tu cliente ideal. Donde vive tu cliente ideal? Qué marcas le gusta? Donde vive? Es importante saberlo, ya que como decimos en mi tierra "Depende de la lagartija es la pedrada" o algo así.. Una vez que conozcas a tu cliente no solo sabrás cobrar lo adecuado, sino al mismo tiempo, conocerás sus gustos, clásico, elegante, joven, moderno, etc.. Esas son las poses y estilo de fotografía que seguramente le van a gustar! Me doy a entender?

Te recomiendo que ofrezcas al menos tres paquetes: La diferencia podría ser las horas de diferencia, el retoque, impresiones, álbum, locaciones, etc.. La idea es que ofrezcas tus servicios para todo tipo de presupuestos y no dejes ir a tu posible cliente.

Cómo protegerse legalmente

Imagínate que estás cubriendo un evento o Boda y necesitas ir al baño solo para darte cuenta que alguien se robo tu cámara o peor aún, después del evento te das cuenta que tu Tarjeta de Memoria dejó de funcionar apropiadamente y todas las fotos de el evento o boda se perdieron! Que vas a hacer? Qué harías si no le caes bien al tío borracho y te agrede por que el cree que le sonreíste a su esposa? Cosas malas pasan todo el tiempo y no le puedes pedir a la pareja que haga otra boda solo por que fuiste lo suficiente incompetente como para no guardar las fotos rápidamente y hacer una copia.

Cómo protegerte de que no se roben los derechos de autor de tus fotos? "No solo aceptes lo que pasa alrededor tuyo, controla tu destino!" Es por eso que siempre tienes que tener un contrato a la mano o un "Acuerdo por Escrito" en donde este por escrito tu función, las horas de trabajo, lugar, fecha, etc.. Depende del País donde vivas ,puedes checar los distintos tipos de Asociaciones Fotográficas que hay. Usualmente son muy buenas fuentes de información y ayuda. El PPA.com o Professional Photographers of America es una de ellas.

Click aquí para ver uno de mis contratos para bodas. Puedes copiar y cambiar algunas cosas dependiendo tu estilo de fotografía:

http://www.fotografiaenespañol.com/blog/2016/3/28/contrato

Permiso de Modelo (Model Release) Cada vez que hagan una sesión de fotos con Modelos profesionales o aspirantes, es importante que ustedes tengan un permiso escrito de la/el modelo en el cual, ellos te van a dar permiso para usar esas fotos como portafolios e internet. De esa forma en caso de que metas esas fotos a una competencia vas a tener el derecho de publicar y no seras demandado legalmente. Puedes encontrar varios ejemplos de Permiso de Modelo escrito en formato PDF en Google.

Como Entregar tus Fotos

En estos tiempos en donde la tecnología avanza tan rápido, tenemos que ir a la par pues necesitamos que nuestros clientes vean que estamos a la vanguardia. Así mismo, el cliente espera resultados rápidos, ya que lo que quiere es enseñar orgullosamente sus fotos en internet o Facebook. Todo se ha vuelto más rápido y menos complicado.

Los formatos CD o DVD han sido sobrepasados por "Descargas en Línea ". Una forma rápida y segura de mandar tus fotos en línea , es usando DropBox.com, WeTransfer.com, Google Drive. Ahora que si te quieres ver mas profesional puedes comprar USB a mayoreo e imprimir tu logo en USB. Es muy buena forma de promocionar tu compañía. Mira opciones aquí : https:// Pixieset.com

No entregues todas tus fotos! Por ejemplo, en una sesión de fotos de retrato de una hora, tomó un poco más de 150 fotos. eso no significa que entregues las 150 fotos a tu cliente. Algunas de esas van a estar sobreexpuestas , movidas, oscuras , tu sujeto cerrara los ojos, etc.. Yo en lo personal entregaría las mejores 30 fotos y las demas son basura. Esto enseñará lo mejor de ti y no lo " más o menos". Aparte de que es tu trabajo como profesional hacerle saber a tu cliente cuales son tus 5 favoritas. eso hablará bien de ti ya que tu cliente apreciará tu opinión y le ahorrarás trabajo.

Entregar Raw o JPG's?

Va a llegar el momento en que encuentres un cliente que se crea más inteligente que tu, y te pida las fotos originales Raw. En lo personal yo NUNCA entregó los archivos Raw por dos razones muy válidas.

1- El entregar los archivos originales es regalar todos los derechos de tu trabajo. Tu cliente te pago por un servicio pero tu eres dueño legal de las fotos originales y solamente tú tienes los derechos de Autor de esas fotos, a menos que esté estipulado en un contrato de antemano y tu estés dispuesto a hacer eso.

2- Dar las fotos en Raw es como entregar un trabajo a medias. Es como si un Chef famoso entregará los ingredientes de un platillo sin mezclar y sin preparar. Tu trabajo no termina en solo tomar las fotos, incluye también tu estilo y edición, impresión, álbum, etc.. Así que la respuesta es sencilla, el 99% entregarás tus fotos en formato JPG. El tamaño dependerá de el uso que tu cliente quiera darle a las fotos.

[OBJ]

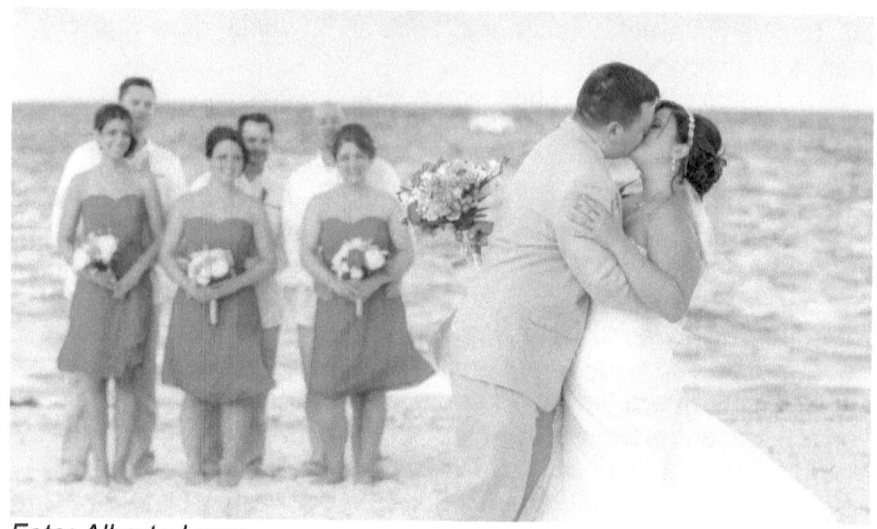

Foto: Alberto Lama

Capítulo 9

[OBJ]

Plan de 30 dias, 6 meses - un año

Te reto a que hagas tus planes a 30 días, 6 meses y un año y los compartas con la comunidad de "Aprende fotografía y su Negocio" en Facebook y en la página Web. Escríbeme tus opiniones, ideas y comparte tus fotos aquí: fotografianegocio@gmail.com Me encantaría ver tus fotos, dar una critica constructiva y ver como vas mejorando con el tiempo. Este es un reto contigo mismo!

Si quieres tener el **CURSO COMPLETO DE FOTOGRAFIA DE BODAS** lleno de videos, y material descargable para estudiarlo en tu teléfono, tableta o computadora visita:

 https://www.alberto-lama.com/el-mejor-curso-fotografia-de-bodas

Este es un curso super completo para enseñarte como ser un fotógrafo de bodas exitoso desde cero! Checalo!

Plan de 30 Días

-En estos primeros 30 días tienes que leer este libro completamente y decirles a todos acerca de este libro y cómo cambiará tu vida.

-Lee el manual de tu cámara y experimenta con varios modos

-Practica con tu familia y amigos

-Crea un Plan de Negocios

-Ponte como meta, conseguir tu primer cliente pagado, no importa el monto.

-Practica, practica! y después.. vuelve a practicar!

-Sigue en tu Empleo regular y práctica en tu tiempo libre
Plan de 6 Meses
Después de el primer mes y entre el mes 2- 6 tienes que empezar a darle vida y estilo a tu negocio, es hora de crear tu " bebé ":
- Piensa en un nombre para tu negocio de fotografía.
Crea mínimo 10 opciones y escoge los mejores 3 nombres, pide la opinión de amigos y familiares.
-Crea tu Logo
-Diseñar tus Tarjetas de presentación. Elegante o casual depende de qué tipo de cliente quieres.
- Crea una cuenta en Yelp.com o en algún otro lugar donde la gente pueda dejar sus opiniones o reseñas de tu
trabajo. Facebook y Google+ también ofrecen esa opción. Cada trabajo que hagas por muy pequeño o "gratis" que hagas tiene que dejar una reseña positiva. recuérdale a tu cliente que es muy importante para ti.
-En estos momentos sigue en tu empleo regular y práctica en tu tiempo libre, pero asegúrate de hacer dinero extra con tu fotografía. Junta para un equipo básico. Ahorra para cuando te decidas a hacerlo tú solo.
-Diseña tu Pagina Web (puede ser gratis)
-Compra equipo poco a poco, no busques lo mas caro por el momento. (Tripoide, flash externo, memorias, reflectores, etc..)
-Crea tu página en Facebook (Ojo, no me refiero a tu perfil personal) crea álbumes dentro de esa página en Facebook de cada proyecto que hagas.
- Crea una página el Flickr y Google Plus. Entre más material y presencia tengas en internet   más   fácil   será que los Motores de Búsqueda te encuentren en Internet.
- Trabaja como asistente para otro fotógrafo establecido.
Aprenderás mucho de los profesionales!
-Sigue creando un Portafolios más sólido y variado. No te desanimes!
Plan a un Año
Para este entonces todo mundo ya tiene que saber que eres un fotógrafo profesional y que eres uno de los mejores.
-Tienes que tener un Portafolios sólido y de buena calidad.
-Tienes que tener un equipo decente.
- Sigue preparandote tomando Talleres locales e Internet
- Asociarse a comunidades fotográficas locales y otros fotógrafos

-Cuando creas que estás listo aviéntame solo y vive de tu negocio! Tienes que hacer mínimo 3 o 4 trabajos pagados a la semana para poder vivir de tu negocio. Si se puede!

-Pasa estos conocimiento a otros y analiza la opción de enseñar a otros tus conocimientos. El buen Karma se regresa 7 veces!

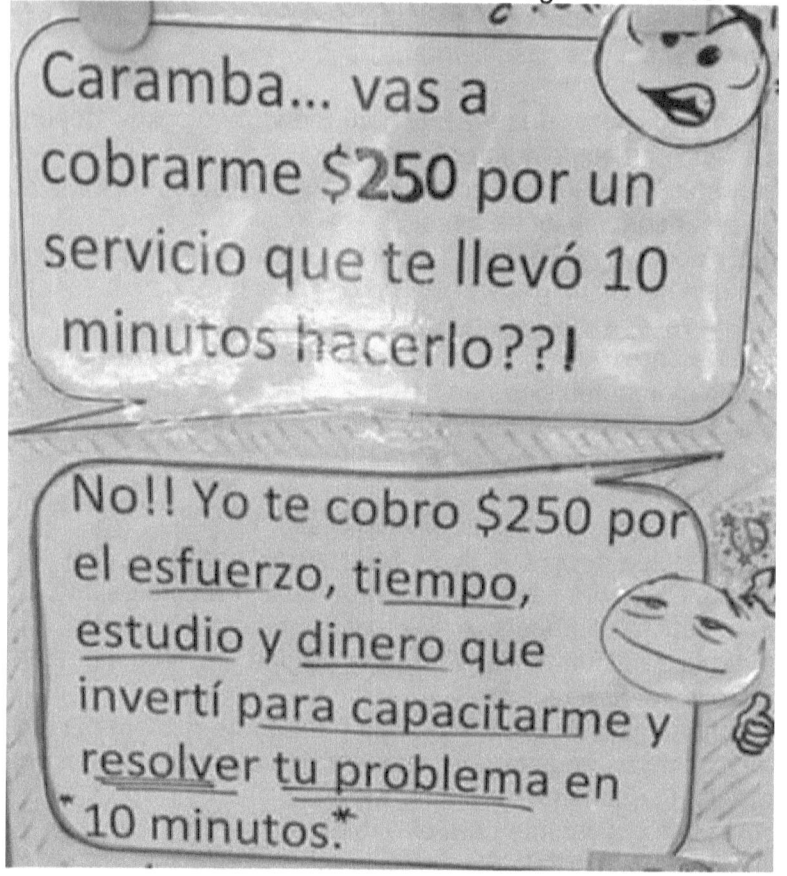

Por ultimo

Notas finales

Espero que este libro te haya sido útil en tu futura carrera como fotógrafo profesional, pasatiempo o en caso de persigas otro tipo de oficio. Mientras ofrezcas un servicio en donde vendas tus habilidades, los principios pueden aplicarse de una forma similar. El servicio al cliente amable, sincero y de calidad es el secreto para que sea cual sea tu negocio o profesión, tengas un futuro asegurado. La perseverancia, el planeamiento, la preparación constante y el no darse por vencido tan fácilmente, son herramientas fundamentales. El conocer gente de todos los ámbitos y entrénate en técnicas y equipo nuevo, ya que son cosas que van a estar cerca de ti siempre.

Algunas fuentes de aprendizaje en fotografía son:

https://www.youtube.com

Si hablas un poco de inglés, te recomiendo:

https://www.creativelive.com

https://www.facebook.com/aprendefotografiadebodas/

www.PhotoShopWorld.com

www.PPA.com

http://www.bhphotovideo.com/find/EventSpace.jsp

Asociaciones de fotografía en tu localidad

Google

https://www.alberto-lama.com/uno-a-uno-en-linea

Si te gustó el libro, ayúdame dejando tu opinión. Recuerda que puedes mandar tus dudas y fotos a fotografianegocio@gmail.com y sígueme. en Instagram @AlbertoLamaPhotographer y @AprendeFotografia_

Hagámos de la comunidad Latina los mejores fotógrafos del Mundo!